国家社会科学基金重点项目研究成果

反倾销、产业升级协同演化下的
中国产业安全研究

周　灏◎著

中国财经出版传媒集团

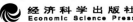

经济科学出版社
Economic Science Press

图书在版编目（CIP）数据

反倾销、产业升级协同演化下的中国产业安全研究/
周灏著 . —北京：经济科学出版社，2019.5

ISBN 978 – 7 – 5218 – 0534 – 5

Ⅰ.①反… Ⅱ.①周… Ⅲ.①产业 – 安全 – 研究 –
中国 Ⅳ.①F269.2

中国版本图书馆 CIP 数据核字（2019）第 086633 号

责任编辑：周国强
责任校对：隗立娜
责任印制：邱 天

反倾销、产业升级协同演化下的中国产业安全研究
周 灏 著
经济科学出版社出版、发行 新华书店经销
社址：北京市海淀区阜成路甲 28 号 邮编：100142
总编部电话：010 – 88191217 发行部电话：010 – 88191522
网址：www.esp.com.cn
电子邮件：esp@ esp.com.cn
天猫网店：经济科学出版社旗舰店
网址：http：//jjkxcbs.tmall.com
固安华明印业有限公司印装
710 × 1000 16 开 11.25 印张 180000 字
2019 年 5 月第 1 版 2019 年 5 月第 1 次印刷
ISBN 978 – 7 – 5218 – 0534 – 5 定价：58.00 元
（图书出现印装问题，本社负责调换。电话：010 – 88191510）
（版权所有 侵权必究 打击盗版 举报热线：010 – 88191661
QQ：2242791300 营销中心电话：010 – 88191537
电子邮箱：dbts@ esp.com.cn）

前　言

　　"十三五"规划中指出，"全球贸易持续低迷，贸易保护主义强化"，"外部环境不稳定不确定因素明显增多，我国发展面临的风险挑战加大。"随贸易保护主义衍生出来的贸易摩擦是中国对外贸易发展中无法回避的一个问题。商务部《对外贸易发展"十三五"规划》明确强调，"积极应对贸易摩擦"，"有效维护我正当经贸利益和企业合法权益"，并且明确指出要积极应对反倾销。我国在对外贸易发展过程中面临各种类型的贸易摩擦，国外对华反倾销是一种常态化的密集的贸易摩擦，具有高频率、大面积、持续时间长、破坏严重等显著特征。

　　反倾销在 21 世纪已逐渐发展成为贸易壁垒的主导形式，作为各国在国际贸易中保护本国产业和利益的一种措施和手段，反倾销发挥着越来越重要的作用。但由于有的国家滥用这种措施，反倾销有时变成了一种随意使用且自由裁量权很大的贸易保护的工具。

　　中国作为最大的反倾销受害国已经遭受到和正在遭受到强烈的反倾销调查和最终反倾销措施。总体上中国遭受到的反倾销呈增长趋势，且绝对数量和占比都排在世界第一。1995～2017 年期间，中国遭受到的反倾销调查数量占全球的 23%，遭受到的最终反倾销措施数量占全球的 26%，远超过中国在世界贸易中的份额，这与我国在世界贸易中的地位和份额不相匹配。中国遭受反倾销的涉案产品涵盖了《商品名称及编码协调制度》（HS）中 22 个大类产品的 17 产品类别。

反倾销已对中国的对外贸易构成了严峻的挑战，中国的产业安全已面临现实或潜在的重大威胁或损害，例如：在欧美对中国光伏产品反倾销的冲击下，全球最大的太阳能电池厂商中国无锡尚德太阳能电力有限公司在这场反倾销中已于 2013 年 3 月 20 日宣告破产重整。另外，中国的所谓"非市场经济地位"问题长期导致中国在反倾销裁决中处于非常不利的地位，而本应在 2016 年 12 月 11 日自动终止的中国的"非市场经济地位"却遭遇了僵局：美国、欧盟、日本等国家和地区表态不愿承认中国的市场经济地位，这导致反倾销阴影下的中国的产业安全雪上加霜。

2018 年 12 月中央经济工作会议强调"稳外贸"；商务部《对外贸易发展"十三五"规划》也强调"巩固贸易大国地位，推进贸易强国进程"。贸易强国要以贸易大国为基础，没有稳定的对外贸易，贸易大国无法维系。稳定的对外贸易则需要以产业安全为基石，对外贸易才具有可持续发展性，才能获得源源不断的贸易利益。

笔者在综合国内外文献的基础上，以 WTO 公布的世界反倾销数据、根据反倾销个案整理的微观数据，及测算出的产业升级或技术进步方面的数据为基础，将反倾销、产业升级、产业安全相结合，运用社会学研究方法、协同演化理论，采用规范研究和实证研究结合，对我国遭受反倾销的状况和影响、中国在世界反倾销中的社会网络特征、反倾销与产业升级之间的协同演化、不同的涉案产业的产业安全程度的测算、反倾销与产业升级协同演化下的中国产业安全的逻辑和路径等方面内容进行了研究，得出了相关的结论，并对几个重要的研究结果或逻辑再次明确并进行了再思考，提出了维护中国相关产业的产业安全的总体思路。最后，本书指出了反倾销、产业升级和产业安全领域中仍需继续深入研究的一些现实问题。通过本书的研究，期望能在清楚认识中国在世界反倾销中面临的真实环境、实现中国对外贸易可持续发展、更有效地获取合法的贸易利益和维护中国的产业安全等方面提供一些参考和建议。

科学研究是一件很困难的事情，常常需要大量的文献、基础数据、案件作为支撑，在此对各类数据网站、政府网站、企业网站，以及其他公开出版物的作者一并致谢。

　　本人主持并顺利完成了国家社会科学基金重点项目"反倾销、产业升级协同演化下的中国产业安全研究"，现将研究成果进行汇集、整理和优化，最终得以完成本书。由于资源有限，数据、案件的统计和收集存在无法获取的情况，这可能会导致研究范围和研究结果的不完善。当然，书中的不足和错误由笔者负责。

周　灏
2019 年 4 月

目 录
CONTENTS

| 1 |

导　论

1.1　研究背景

2008年次贷危机对世界经济的负面影响的长期存在，美国、日本等世界主要经济体进入长期停滞的"新平庸"状态（Summer，2013）。虽然目前世界经济在深度调整中曲折复苏，但世界经济增长仍然动能不足；同时中国经济进入经济结构优化升级过程中的结构性降速的"经济新常态"压力下，呈现出"外部环境复杂严峻，经济面临下行压力"（2018年12月中央经济工作会议）。"十三五"规划指出，"全球贸易持续低迷，贸易保护主义强化"，"外部环境不稳定不确定因素明显增多，我国发展面临的风险挑战加大。"随贸易保护主义衍生出来的贸易摩擦是中国对外贸易发展中无法回避的一个问题。商务部《对外贸易发展"十三五"规划》明确强调"积极应对贸易摩擦"，"有效维护我正当经贸利益和企业合法权益"，并且明确指出要积极应对反倾销。我国在对外贸易发展过程中面临各种类型的贸易摩擦，国外对华反倾销是一种常态化的密集的贸易摩擦，具有高频率、大面积、持续时间长、破坏严重等显著特征。党的十九大报告指出"中国开放的大门不会关闭，只会越开越大。要以'一带一路'建设为重点，坚持引进来和走出去并重，遵循共商共建共享原则，加强创新能力开放合作，形成陆海内外联动、东西双向互济的开放格局。拓展对外贸易，培育贸易新业态新模式，推进贸易强国建设。"2018 年 12 月中央经济工作会议强调"稳外贸"；商务部《对外贸易发展"十三五"规划》也强调"巩固贸易大国地位，推进贸易强国进程"。贸易强国要以贸易大国为基础，没有稳定的对外贸易，贸易大国无法维系。投资、消费、出口为拉动中国经济增长的"三驾马车"，这三者的情况的好坏会对中国经济产生重大影响，出口贸易是中国对外贸易中极其重要的一部分，中国要维持贸易大国的地位并成为贸易强国首先就需要稳定的出口贸易。

根据世界贸易组织（WTO）公布的数据，中国进出口贸易总额在最近几年连续全球排名第一。中国长期以来有较高的对外贸易依存度，特别是有较高的出口贸易依存度（见表 1.1）。而且 2004～2008 年期间出口依存度处于顶峰的阶段，超过了 30%，其中 2006 年最高，达到了 35.5%。虽然 2006 年后中国的出口依存度总体逐渐下降，但在 2016 年仍有高达 18.4%。在我国的外贸依存度总体偏高的情形下，我国的国民经济发展必定会较多受制于外贸的发展状况，而外贸的发展状况又与反倾销的状况密切相关。

表 1.1 　　　　　　　　1995～2016 年中国出口依存度　　　　　　　单位：%

年份	出口依存度	年份	出口依存度
1995	20.4	2006	35.5
1996	17.6	2007	34.6
1997	19.2	2008	31.4
1998	17.9	2009	23.8
1999	17.9	2010	26.1
2000	20.7	2011	25.3
2001	20.0	2012	24.2
2002	22.3	2013	23.3
2003	26.6	2014	22.6
2004	30.6	2015	20.9
2005	33.6	2016	18.4

资料来源：根据中国出口总额/中国 GDP×100% 的计算公式得到出口依存度数据，中国出口总额、中国 GDP 数据来源于联合国统计署。

　　近几年主要贸易伙伴国产业政策有重大调整，例如，美国的产业政策就不断地在进行调整。奥巴马时代确立了构建国家永续经营建设的"美国制造、本土能源、劳工技术训练、美国价值"四大支柱；特朗普提出"美国优先"的思路，进而导致美国主动通过退出跨太平洋伙伴关系协定（TPP）来增强贸易保护，从而实现保护美国制造业和美国工人的目的。美国一系列的政策变动和政策导向加速了某些产业的回归（如高端纺织服装产业），这会导致贸易流向发生重大调整，从而对中国相关产业造成重大影响，并且也导致中国对外贸易面临高度不确定性的风险，对中国相关产业造成重大影响。出口贸易除了受到国外政策和国外市场需求的影响之外，还会受到进口国的各种贸易壁垒的制约，其中反倾销已逐渐发展成为一种贸易壁垒的主导形式。反倾销对中国对外贸易的拓展和贸易强国的建设有着严重的制约和影响。

　　反倾销在 20 世纪 70 年代前，还未能成为贸易壁垒的主导形式。在关贸总协定各缔约方的不懈努力下，传统贸易壁垒的主导形式——关税壁垒名存实亡，反倾销作为各国在国际贸易中保护本国产业和利益的一种措施和手段发挥着越来越重要的作用。特别在 WTO 成立后，如配额、许可证等传统非关税保护措施已经受到非常严格的限制，而且由于关税不断地削减，关税这种保护措施的作用也越来越小。在这样的状况下，反倾销就逐渐成为世界各国保护本国相关产业安全、抵制国外的不公平竞争的最主要的措施和手段。各国纷纷以反倾销为法律武器抵制不公平贸易，维护国内产业市场。更有甚者，有时达到滥用的程度，使反倾销变成贸易保护的工具。反倾销在 21 世纪逐渐发展成为贸易壁垒的主导形式。随着中国贸易地位的不断提高，我国出口产品遭遇的贸易摩擦也不断频繁出现，其中对华反倾销问题最为突出。由于反倾销被一些国家滥用，导致中国每年均遭受大量反倾销。我国从 1996 年起就成为全世界遭受反倾销最多的国家，中国是世界反倾销的最大受害国。反倾销导致的我国产业安全问题屡屡出现，在产业安全问题上带给我们诸多惨痛的教训。如 1994 年美国对华大蒜反倾销，第二年我国大蒜对美出口额下降94%；2005 年墨西哥对华伞菇罐头反倾销，第二年我国伞菇罐头对墨西哥出口额下降97％。① 再如，中国加入WTO后的中美纺织品反倾销的第一案——艺术画布反倾销案，2005年美国对华艺术画布反倾销，直接影响20多家企业和5 000人的就业问题，该反倾销最终导致我国20多家画布企业全部放弃了美国市场。② 高科技产业也会面临同样的产业安全问题，2012年美国和欧盟先后对中国光伏产品的反倾销（同时伴随有反补贴），其中欧盟对华的反倾销案件涉及金额超过200亿美元，折合人民币近1 300亿元，为迄今为止对华最大贸易诉讼。美国、欧盟的反倾销直接导致全球最大的太阳能电池厂商——中国无锡尚德太阳能电力公司无力维持生产和销售，于2013年3月20日宣告破产。一家全球最大的行业企业，也无法抵御反倾销的威力，在反倾销的冲击下轰然倒塌。光伏产业的反倾销再次对我国的产业安全敲响了一记沉重的警钟。根据《中国加入世界贸易组织议定书》，本应在2016年12月11日自动终止的中国的"非市场经济地位"③却遭遇僵局：美国、欧盟、日本等国家和地区表态不愿承认中国的市场经济地位，这导致中国的产业安全雪上加霜。

　　反倾销问题早已引起国内外学者的高度关注，其中反倾销的经济效应是重点研究内容之一，且在该领域的研究成果丰富。现有研究结果基本上都普

---

① 周灏，祁春节. 对华农产品反倾销影响因素：基于条件Logistic回归的实证研究［J］. 经济问题探索，2011（5）：115 - 120.

② "中美纺织品反倾销第一案"宁波康大败诉［EB/OL］. 搜狐财经，http：//business. sohu. com/20060328/n242517243. shtml，2006 - 03 - 28.

③ "非市场经济地位"问题一直是我国在反倾销应诉中非常敏感的一个问题。"非市场经济地位"问题源于20世纪50年代关贸总协定缔约方大会中成员的提议，后来被WTO反倾销规则所采纳，规定在反倾销调查过程中来自非市场经济成员方产品的国内价格不能作为正常价值计算，而采用"替代国"和"类比国"制度来计算来自非市场经济成员方的出口产品的正常价值。长期以来，中国在面临国外反倾销时被认定为具有"非市场经济地位"，从而遭受到歧视性的裁决。自2004年新西兰率先承认中国"市场经济地位"后，越来越多的成员方承认了中国的"市场经济地位"，但欧盟、美国、日本等主要发达国家或地区却无视中国在市场经济方面取的成果，未承认中国的"市场经济地位"。美国商务部在对华反倾销案件的倾销裁决中，一直视我国为非市场经济国家，总是在"非市场经济地位"的基础上进行裁决，导致中国被裁决更为偏高反倾销税率。根据《中国加入世界贸易组织议定书》的第15条（d）款规定，在反倾销调查中，采用替代价格或成本计算中国产品正常价值的技术方法，"无论如何应在加入之日后15年终止"。这一规定表明，即使有的成员在中国加入世界贸易组织之后在反倾销领域不给予中国市场经济地位的认定或不承认中国企业的市场经济地位，到2016年，中国应自动获得在反倾销领域的市场经济地位，即在对华反倾销时反倾销发起方不得采用"替代国"价格或成本计算中国产品正常价值。

遍认同反倾销会导致出口国受到负面影响，主要是对出口国的对外贸易乃至于产业安全产生负面影响。由于中国是世界反倾销最大受害国，因此反倾销的影响因素也是研究重点。与本书研究主题相关的影响因素主要是产业升级、技术进步。对于产业升级、技术进步方面的影响因素的研究，长期以来主要是采用理论分析，普遍认为中国低附加值的劳动密集型产品大量出口是导致中国遭受反倾销的主要因素，因此普遍认为中国要通过相关产业的技术创新和出口产品升级，提高产品的技术含量，实现从低端产品生产向高技术、高附加价值产品生产转型，最终从被动应对国外反倾销发展到主动规避国外反倾销。但是，也有学者通过实证研究发现中国出口产品升级不仅未能有效缓解中国遭受的反倾销，反而使之加剧，同时认为不能将中国出口产品遭受反倾销简单归咎于附加值过低，以免造成政策偏差。这一实证结果与以前普遍的理论分析结果相反，中国光伏产品反倾销案件也印证了这一结论。光伏产业是中国为数不多的走在世界前列的行业，多项技术取得突破，光电转换效率已达到18%，居世界先进水平，但是即便这样一个高技术含量颇高的产业在反倾销面前也无法幸免。

　　为了维护我国合法贸易利益，改善贸易环境，实现贸易的可持续发展，增加我国面对反倾销的抵抗能力，维护相关产业的安全和利益，笔者认为就反倾销、产业升级以及产业安全的相关问题进行探索是很有必要的。其中有些领域的研究需进行重点探索：（1）反倾销与产业升级之间的双向互动影响、协同演化状况。已有的文献仅进行了单向研究，即研究反倾销对产业升级的影响，或者研究产业升级对反倾销的影响。（2）反倾销与产业升级的协同演化对产业安全的影响。反倾销、产业升级对一国产业安全的影响效应相反，同时它们之间还存在演化路径相互交织的情况，这就导致它们对产业安全的影响变得很复杂。通过这些重点领域的研究，有助于剖析反倾销、产业升级、反倾销之间的各种关系和影响，为中国产业安全探索出有效的思路和政策措施。

1.2 反倾销较之其他贸易摩擦的特点

反倾销是一种常态化的贸易摩擦，与其他类型的贸易摩擦相比具有高频率、大面积、持续时间长、破坏严重等显著特征。

反补贴也是一种常见的贸易制裁措施和贸易摩擦形式。亢梅玲、李潇（2018）比较过中国遭受反倾销和遭受反补贴的涉案产品数量的多少。根据世界银行反倾销数据库和反补贴数据库的统计数据，在 1995~2015 年期间中国遭受的反倾销案件和遭受的反补贴案件中，以涉案产品数量进行统计（不以案件数量进行统计），《商品名称及编码协调制度》（HS）规定的 4 分位（以下简称 HS4 分位）的涉案产品数量均呈波动上升趋势，反倾销的涉案产品数量共计 1 113 个，反补贴的涉案产品数量共计 97 个（具体各年份数据见表 1.2）。反补贴的数量仅占反倾销数量的 8.7%，反补贴的数量远低于反倾销的数量。其中有 10 个年份没有反补贴发生，但是每个年份均有反倾销发生，而且年度的反倾销涉案产品最高数量达到了 558 个（2009 年）。

表 1.2 1995~2015 年基于 HS4 分位中国遭受的反倾销、反补贴的涉案产品数量

形式	1995 年	1996 年	1997 年	1998 年	1999 年	2000 年	2001 年	2002 年	2003 年	2004 年	2005 年
反倾销	35	146	76	47	113	217	289	190	134	221	196
反补贴	0	0	0	0	0	0	0	0	0	2	0

形式	2006 年	2007 年	2008 年	2009 年	2010 年	2011 年	2012 年	2013 年	2014 年	2015 年	—
反倾销	231	189	331	558	318	217	246	198	212	451	—
反补贴	2	11	16	21	14	22	16	22	18	18	—

资料来源：Bown C P. 全球反倾销数据库网站（http://econ. worldbank. org/ttbd/gad/）和反补贴数据库网站（http://econ. worldbank. org/ttbd/gcvd/）。

再将反倾销与"301 调查"进行对比。1991~2018 年美国对华已发起了 6 次"301 调查"。第六次发生在 2017 年，2017 年 8 月，美国贸易代表署发布公告，以"中国对美国知识产权存在侵犯行为"为由正式对中国启动调查。2018年4月4日，美国贸易代表办公室（USTR）公布了根据所谓"301调查"建议征收中国产品关税的清单，目标锁定"中国制造2025"的十大领域。总体而言，"301调查"发生的频率很低，1991～2018年期间仅发生6起，前5起均通过中美谈判协商解决了，第六起引发的贸易战正处于中美谈判协商期间。6起"301调查"中有3起是针对知识产权领域问题发起的。根据WTO反倾销数据库的统计数据，在1995～2017年期间美国针对中国的反倾销案件数量为150起，年均11.5起案件。在美国对华反倾销案件中，涉案的产品不仅仅针对中国高端的制造业，而是涉及非常广泛的产品领域，涉及HS中22个大类产品中的绝大多数的大类产品，具体的涉案产品庞杂，比如：蜂蜜、苹果汁、蘑菇罐头、硫酸锰、金属锰、纯镁、一次性打火机、自行车、餐具套件、汽车挡风玻璃、木制卧室家具、艺术画布、钢丝衣架等。

通过反倾销与反补贴、"301调查"的对比，很明显反倾销的频率远高于其他形式的贸易摩擦，而且涉案产品面积非常广泛。

国外一旦确定实施最终反倾销措施，则实施年限为5年，持续时间长。5年到期后会进行日落复审，日落复审不通过的话，会继续实施反倾销，而且还可能会面临不断地行政复审和新出口商复审。这就导致中国一部分反倾销案件远远超过5年的期限，例如，最为典型的是美国1994年开始的对华蜂蜜反倾销案到目前仍在实施反倾销措施。可见反倾销的持续时间长是其典型特征。

反倾销的破坏影响非常严重。首先，以前面提到的美国对华蜂蜜反倾销这个典型的案例来直观感受一下美国反倾销对我国蜂蜜出口市场份额所产生的影响。湖北省蜂蜜出口始于1999年，多年位居全国第一，是湖北省农产品出口的主打品种之一，武汉小蜜蜂食品有限公司则一直是湖北省蜂蜜出口的"领头羊"。武汉小蜜蜂食品有限公司是一家民营企业，其生产规模在国内排第三。2002年5月武汉小蜜蜂食品有限公司首次向美国出口蜂蜜，即遭到美国2 000多蜂农对武汉小蜜蜂集体提起的反倾销诉讼，美国商务部进行了新出口商的反倾销审查，几经波折，2004年美国商务部最终裁定对武汉小蜜蜂公司出口美国的蜂蜜征收32.84%的反倾销税。此举对武汉小蜜蜂影响很大，2003年该公司出口美国的蜂蜜曾达5 000多吨，但2004年一下子降至1 500

吨，退出了很大一块美国市场。① 其次，在其他反倾销案件中，中国也遭受到严重影响。例如，1994 年美国对华大蒜反倾销，第二年我国大蒜对美出口额下降 94%；2005 年墨西哥对华伞菇罐头反倾销，第二年我国伞菇罐头对墨西哥出口额下降 97%。② 再如，中国加入 WTO 后的中美纺织品反倾销的第一案——艺术画布反倾销案，2005 年美国对华艺术画布反倾销，直接影响到 20 多家企业和 5 000 人的就业问题，该反倾销最终导致我国 20 多家画布企业全部放弃了美国市场。③ 中国光伏产业也面临同样严重的破坏影响。

1.3　相关的基本概念及规定

1.3.1　倾销的定义

一国的反倾销行为是对他国的倾销行为的一种应对性的反应，因此要对反倾销问题进行研究，首先要清楚什么是"倾销"。

"倾销"这个术语的英文为"dumping"，该单词最根本的意思是指倾倒、抛弃，在产品的销售、贸易中将其引申为"倾销"。对于什么是倾销已有大量的研究，较简洁地讲就是指以低价在市场大量抛售。

根据产品销售市场是国内还是国外，倾锖可以分为国内倾销和国际倾销。国内倾销是指在国内市场以不正常的低价大量抛售产品；国际倾销则是指在海外市场以不正常的低价大量抛售产品。无论是国内倾销还是国际倾销都是一种不正当竞争行为，是一种不公平的竞争手段，是一种价格歧视。由于本书研究的是国际贸易中的反倾销问题，因此本书所指倾销仅指后者，即国际

---

① 周灏，祁春节. 美国对华蜂蜜反倾销效应分析 [J]. 生态经济，2010 (7)：119 – 124，133.

② 周灏，祁春节. 对华农产品反倾销影响因素：基于条件 Logistic 回归的实证研究 [J]. 经济问题探索，2011 (5)：115 – 120.

③ "中美纺织品反倾销第一案"宁波康大败诉 [EB/OL]. 搜狐财经，http：//business. sohu. com/20060328/n242517243. shtml，2006 – 03 – 28.

倾销，不涉及国内倾销。

对于倾销的界定关键在对于"低价"的认识和界定。对于倾销的具体定义和界定，我们可以从下面两个层面来理解：经济学层面和法律层面。

1. 经济学层面

美国国际贸易学家雅各布·瓦伊纳（Jacob Viner）在 20 世纪初探讨倾销现象时发现英国的著名经济学家亚当·斯密（Adam Smith）在其 1776 年的名著《国富论》中提到许多国家官方的奖励或奖励金（bounty），《国富论》多处对"奖励"进行了论述，如其中写到，"第二件事，是 1688 年颁布的谷物输出奖励法令。据一般人设想，这种奖励金，由于促进耕作，经过长久的岁月，大概总会增加谷物的产量，使国内市场上的谷价因此趋于便宜"；"奖励输出的方法，有时是退税，有时是发给奖励金，有时是同主权国家订立有利的通商条约，有时是在遥远的国家建立殖民地"。根据文中的意思理解，"奖励"一词主要是指"补贴"或类似意思。亚当·斯密后来将这种行为称作倾销，首次将倾销概念引入经济学领域。需要指出的是笔者查阅了亚当·斯密《国富论》一书的中文版和英文版[①]均未发现"倾销"或"dumping"一词，亚当·斯密只是在后来的研究中将这种行为称作倾销。当然，亚当·斯密提到的"奖励"或"倾销"的含义从其上下文理解，主体意思是指"补贴"，和我们现在所使用的"倾销"术语的含义有较大差别。

据美国学者约翰·杰克逊（John H. Jackson）考证，第一次从现代意义上使用"dumping"概念的是美国的《1868 年商业与财政年鉴（VI326/I)》[②]。1923 年，雅各布·瓦伊纳[③]在其名著《倾销：国际贸易中的一个问题》中把倾销定义为：在不同国家市场上实施价格歧视。雅各布·瓦伊纳将倾销分为三类：偶发性倾销、连续性倾销和间歇性倾销，并认为只有间歇性

---

① 亚当·斯密. 国富论［M］. 杨敬年，译. 西安：陕西人民出版社，2005；Smith A. The Wealth of Nations［M］. U. S. Bantam Classics，2003.

② 纪文华. 欧盟反倾销法与对华反倾销成因分析［EB/OL］. 北大法律网，http：//article. chin-alawinfo. com/Article_Detail. asp? ArticleId = 21791.

③ 雅各布·瓦伊纳. 倾销：国际贸易中的一个问题［M］. 沈瑶，译. 北京：商务印书馆，2003.

倾销才应受到制裁。但是在现在的研究中，有人也认为偶发性倾销也可能对进口国的相关产业造成损害，并扰乱其市场秩序；对于连续性倾销虽然出口国厂商本身可能受损，但同时也损害了进口匡的利益，因此这两类倾销行为也应该为反倾销法所限制。

当然，其他的一些学者也根据自己的研究对倾销进行界定。对于倾销的经济学层面的定义由于学术研究的多样性，学者们对其界定也同时是多样性的，相对而言，法律层面的倾销界定则较为一致。

2. 法律层面

目前，对于倾销的法律定义最为权威和最为广泛接受的是 WTO 的《1994 年关税与贸易总协定》第 6 条（即"反倾销税和反贴补税"条款）和《反倾销协议》。另外再介绍几个有代表性的法律层面的倾销界定。

（1）《1994 年关税与贸易总协定》第 6 条第 1 款规定"各缔约方认识到，用倾销的手段将一国产品以低于正常价值的办法进入另一国的商业，如因此对一缔约方领土内一已建立的产业造成实质损害或实质损害威胁，或实质阻碍一国内产业的新建，则倾销应予以谴责。"因此根据《1994 年关税与贸易总协定》，倾销是指"将一国产品以低于正常价值的办法引入另一国的商业"，该款还对如何判定是否"低于其正常价值"规定了（a）（b）两种情况。

（2）WTO 的《关于实施 1994 年关税与贸易总协定第六条的协议》（*Agreement on Implementation of Article VI of the GATT 1994*）俗称《反倾销协议》，该协议第 2 条第 1 款规定："本协议之目的，如果一项产品从一国出口到另一国，该产品的出口价格在正常的贸易过程中，低于出口国旨在用于本国消费的同类产品的可比价格，也即以低于其正常值的价格进入另一国的商业，则该产品即被认为是倾销。"

（3）美国 1930 年《关税法》第四分篇第二部分第 1675 节规定：进口产品的美国市场价格如果低于相似产品的公平价格，即为倾销。

（4）欧盟现行的 1988 年的《2423/88 反倾销条例规定》第 1 条第 2 款规定：如果一个产品向共同体的出口价格低于在正常贸易过程中为该出口国确定的相似产品的可比价格，该产品就将被认为是倾销产品。

（5）我国《反倾销条例》第3条第1款对倾销的定义为：在正常贸易过程中，若一国产品以低于该产品正常价值的出口价格进入中华人民共和国市场，即为倾销。

可见，各国国内立法对倾销的界定基本一致，大同小异，因此，倾销可简单地界定为出口商以低于正常价值的价格向进口国销售产品。

1.3.2　反倾销的定义

反倾销是指为了避免来自他国的进口产品在本国倾销导致对本国相关产业造成损害，进口国当局为了保护本国产业而对该国的该产品进行案件调查，以及对该国的该产品限制进口，从而抵制国际贸易中的不公平贸易行为的一种手段。

需要指出的是反倾销包括两个部分：反倾销调查和反倾销措施。

（1）反倾销调查，是指进口国的反倾销当局根据WTO的《反倾销协议》和国内相关的反倾销法规，在国内相关利益方提出反倾销调查申请的情况下，确认立案以后，对来自被指控的出口国的涉案产品的进口进行调查。当然进口国的反倾销当局也可以在没有相关利益方提出反倾销调查申请的情况下自行确定反倾销的立案调查。反倾销调查当局在调查中需要判定下面几个方面：是否存在倾销、涉案产品的进口是否对国内相关产业造成了损害、倾销和损害之间是否存在因果关系。这三者缺一不可，只有三个方面都符合，进口国反倾销当局才能采取最终反倾销措施。

（2）反倾销措施，是指进口国反倾销当局根据对涉案产品和涉案厂商进行反倾销调查过程中或调查结束后采取的具体的限制进口的各种措施。按照WTO《反倾销协议》中的条款规定，可以将反倾销措施分为三类：临时反倾销措施、价格承诺和最终反倾销措施。临时反倾销措施是指被调查产品的进口方反倾销当局经反倾销调查后，初步认定存在倾销并且认定倾销给其国内行业造成了损害，而对外国进口产品采取的临时限制进口的措施。这一措施的主要形式有：临时反倾销税、现金保证金、保函或其他形式的担保、预扣反倾销税等形式。价格承诺是指参加应诉的出口商、生产商向进口国反倾销当局自愿做出的，改变价格或者停止以倾销价格出口被调查产品并经反倾销当局接受而暂停或终止调查的承诺。"中止协议"是较常见的一种"价格承诺"的做法。如美国于 1994 年 10 月 31 日立案的对华蜂蜜反倾销案是中美政府之间用"中止协议"（Suspension Agreement）条款来处理反倾销案件的第一个案件。蜂蜜反倾销案的中止协议规定中国年度出口量为 43 925 000 磅，按美国蜂蜜市场增长情况，出口量的调整最多不超过年度配额量的 6%，配额量按半年分配，允许有接转和借用①。被诉产品不能低于参考价格销售。参考价格由美国商务部按季度发布，确定之前要与中国政府商量。参考价格是相当于在最近 6 个月美国从其他国家进口蜂蜜的单价的加权平均价的 92%②。最终反倾销措施则是在进口国的反倾销调查当局在调查完成后做出肯定性终裁的情况下实施的限制进口的措施。常见的形式是征收反倾销税。反倾销税是对倾销商品所征收的进口附加税，其通常相当于出口国国内市场价格与倾销价格之间差额的进口税。但是最终反倾销措施的实施不仅限于征收反倾销税。下面以印度对华反倾销中实施最终反倾销措施的几起案件为例来说明，从量征收反倾销税形式：2002 年立案的桑蚕生丝案件终裁被征收 47.89% 的反倾销税；从价征收反倾销税形式：2004 年立案的橡胶助剂终裁被征收 450 美元/吨的反倾销税；最低限价形式：2003 年立案的聚醚多元醇终裁为最低限价 1 472.77 美元/吨；以规定价格和进口到岸价之间的差价为标准征收反倾销税形式：2003 年立案的二氧化钛终裁按照 1 227 美元/吨与进口到岸价之间差价征收反倾销税③。

1.3.3 反倾销的法律程序

1. 反倾销调查

首先由进口国利益方向进口国反倾销当局提出立案申请，进口国反倾销

---

① 周灏，祁春节. 美国对华蜂蜜反倾销效应分析 [J]. 生态经济，2010（7）：119-124，133.

② 朱明霞. 美国对我国主要反倾销案件：蜂蜜案 [EB/OL]. 国际商报网，http：//xnc. shang-bao. net. cn/a/37520. html.

③ 周灏. 印度对华反倾销的特点及原因研究 [J]. 经济与管理研究，2007（5）：61-66.

当局认定符合立案条件时则正式对外公告立案，开始反倾销调查。

反倾销调查的内容与实施最终反倾销措施的条件是相关的。一国要实施最终反倾销措施必须符合以下三个条件：其一，产品以低于正常价值或公平价值的价格销售；其二，这种低价销售的行为给进口国相关产业造成了损害。这里的损害包括实质性损害、实质性损害威胁和实质性阻碍；其三，损害与倾销之间存在着因果关系。基于国际经济关系的复杂性，这种因果关系只是一般性的要求，至于倾销是否是造成损害的直接原因，则并不探究。只有同时具备上述三个条件，该国才能对这种倾销行为采取反倾销措施，因此反倾销调查要涉及两个方面：倾销调查和损害调查。

在美国，负责反倾销的机构有两个，一个是美国国际贸易委员会（ITC），另一个是美国商务部（DOC）。国际贸易委员会负责调查和裁决外来的进口产品是否对本国同类工业造成了损害。商务部负责调查和裁决外来的进口产品是否低于公平价值在美国市场上倾销，并计算出倾销的幅度。欧盟反倾销的具体调查统一由欧盟委员会执行，负责反倾销事务的是欧盟委员会的第一关税司，其中倾销调查和产业损害调查又分别由不同的业务部门负责。中国的反倾销调查机构 2003 年前后有差异，根据《中华人民共和国反倾销条例》（简称《反倾销条例》）的第 2 章第 3 条规定：对倾销的调查和确定，由对外贸易经济合作部负责。《反倾销条例》的第 2 章第 7 条规定：对损害的调查和确定，由国家经济贸易委员会负责。由于我国在 2003 年 3 月十届全国人大一次会议通过了国务院提交的国家行政机构改革的方案，撤销了对外贸易经济合作部和国家经济贸易委员会，取而代之的是新设立的机构——商务部，商务部统一行使原来分属对外贸易经济合作部和国家经济贸易委员会的反倾销职能。

2. 反倾销裁决

进口国的反倾销调查机构完成倾销调查和损害调查后，分别进行倾销和损害的初裁和终裁。终裁时，倾销裁决和损害裁决中只要有一个裁决是否定性的，则进口国不能实施最终反倾销措施。只有当终裁时倾销裁决和损害裁决都是肯定性的时候，并有因果关系，这时就进入实施最终反倾销措施阶段。

3. 实施最终反倾销措施

最终反倾销措施中最为常见的就是征收反倾销税，前文也讲到，进口国也可能采取征收反倾销税之外的其他方式（如最低限价等）。根据 WTO《反倾销协议》第 11 条第 3 款的规定"最终反倾销税仍应自征税起不超过 5 年之内结束"，进口国实施最终反倾销措施征收反倾销税的期限是 5 年。

4. 行政复审

按照《反倾销协议》第 11 条第 2 款中的规定，征收最终反倾销税过了一段时间后，5 年的期限未到时，有利害关系的当事人可以提出行政复审申请，反倾销当局也可以主动进行行政复审，如果行政复审认定征收反倾销税不再合理时，可以提前终止反倾销措施的实施。

根据美国法律规定，当某种商品被征收反倾销税满 1 年开始，每年都对上一年度的被征税商品的倾销幅度进行行政复审，若在连续 3 年的审查中达到最低倾销幅度（低于 0.5%）或没有倾销幅度，则可由美国商务部撤销反倾销税命令。另外，当被征收反倾销税的商品在反倾销税命令满 5 年时可以进行日落复审，即审查如果撤销反倾销命令后，倾销是否会继续或再次发生（由美国商务部决定）；或者如果命令撤销，对美国国内行业的损害是否可能持续下去或再次发生（由美国国际贸易委员会决定）。如果第 5 年复审仍裁定企业倾销，则反倾销令将再次延续 5 年。

5. 上诉

当事方对反倾销终裁结果或复审结果不服时，还可以向反倾销国的司法机构提出上诉申请。例如，在美国负责处理上诉的部门有两级，一是美国国际贸易法院，二是美国海关与专利申诉法院。如对反倾销案的裁决不服，可以先上诉美国国际贸易法院。如仍不服，再上诉美国海关与专利申诉法院。美国对华苹果汁反倾销案件就是中国苹果汁企业通过上诉获胜的一个典型案件。1996 年 6 月 27 日美国商务部决定正式对中国出口美国的浓缩苹果汁进行立案调查，2000 年 6 月 5 日，美国商务部做出了肯定终裁，我方败诉。我方认为美国商务部裁决不公正，因此中国涉案企业于 2000 年 7 月向美国国际贸易法院上诉商务部裁决不公，2003 年 11 月 20 日，美国国际贸易法院否定了美国商务部以前的裁决结果，最终裁定：10 家应诉企业 6 家获 0 税率，4 家获 3.38% 的加权平均税率，未应诉企业一律为 511.74%。2004 年 2 月 9 日，美国商务部也根据国际贸易法院的终审裁决反倾销修正令。中方应诉企业上诉以胜诉结案，这在中国反倾销史上是首例，也是绝无仅有的①。

1.4　研 究 框 架

在中国作为世界最大反倾销受害国的背景下，本书将反倾销、产业升级、产业安全相结合，对我国遭受反倾销状况、反倾销的影响、中国在世界反倾销中的社会网络特征、反倾销与产业升级之间的协同演化、不同的涉案产业的产业安全程度的测算、反倾销与产业升级协同演化下的中国产业安全的逻辑和路径等方面内容进行了研究。根据研究的需要，本书构建出的研究框架如下，共涉及 12 章研究内容。

第 1 章为导论。主要介绍本书的研究背景、反倾销的特点；对相关的基本概念进行界定并对相关法律规定进行说明；研究框架和研究方法；最后对本书的创新进行阐述。

第 2 章对中国遭受反倾销状况进行统计和分析。本书主要从中国遭受反倾销的总量方面、对中国发起和实施反倾销的成员方面、中国遭受反倾销的产品方面进行统计和分析。由于反倾销包含反倾销调查和最终反倾销措施的实施两个方面，因此本书不仅要对中国遭受反倾销调查的状况进行分析，同时还对中国被实施最终反倾销措施的状况进行分析。

第 3 章为中国遭受反倾销的强度测算与比较分析。由于针对"反倾销调查"的强度的研究较多，因此本章主要针对"最终反倾销措施"的强度研

---

① 王小波. 苹果汁反倾销案中国企业"告倒"美商务部纪实［EB/OL］. 新华网，http://news. xinhuanet. com/fortune/2004 - 02/12/content_1311071. htm，2014 - 02 - 12.

究。从中国遭受最终反倾销措施的总量视角，以及从对中国实施最终反倾销措施的不同实施国的成员视角，对中国遭受最终反倾销措施的强度状况进行测算和比较分析，挖掘出反倾销的总量、占比等数据无法充分反映的信息。

第4章以纺织品服装为例就反倾销对中国出口产品的价格效应进行分析。中国是全世界最大的纺织服装消费国和生产国，纺织服装业是我国传统的支柱产业，也是一个劳动密集程度高和对外依存度较大的行业。纺织服装业也是国内吸纳就业人口最多的传统制造业之一。同时，纺织品服装是中国遭受反倾销的主要大类产品。本书选取了中国出口的纺织品服装进行研究，分析了中国纺织品服装的出口贸易状况、我国涉案企业的博弈心理以及国外反倾销对我国纺织品服装出口价格的影响。

第5章对中国在世界反倾销中角色地位的变化进行社会网络分析。本书运用社会网络分析（social network analysis，SNA）方法对世界反倾销网络的结构进行测度，从动态变化的视角对中国在世界反倾销中的角色地位变化进行实证研究，从反倾销本身视角对实证结果进行解读。主要分析了反倾销网络图的角色和地位、反倾销网络的中心性指标、块模型的角色地位。

第6章从反倾销与产业升级协同演化视角对中国产业安全的逻辑和路径进行分析。本书主要构建了"反倾销与产业升级协同演化—产业安全"的逻辑模型和路径模型，并对我国产业安全水平提升的思路进行研究。

第7章基于反倾销的总量对产业安全视角下的反倾销与产业升级协同演化进行了分析。本书主要从产业安全的视角，从理论上去诠释反倾销与产业升级两者之间协同演化的机制以及协同演化对产业安全影响的机制，并采用协同演化模型去验证两者之间的协同演化问题。

第8章基于7个国家（地区）之间的比较对产业安全视角下的反倾销与技术进步协同演化进行分析。本书将包括中国在内的世界上遭受反倾销最多的7个国家（地区）作为研究样本，这7个国家（地区）分别为：中国、韩国、美国、印度、泰国、日本、欧盟。本书对其遭受的反倾销与技术进步之间的协同演化状况进行比较研究，探索两者之间的协同演化状况，以及协同演化在不同成员间的差异。

第9章基于具体涉案农产品对反倾销视角下中国产业安全进行评价。中国作为一个外贸大国和农业大国，在农产品出口和生产的背后有数量极其众多的农业人口以及从事农产品加工的企业，农产品的反倾销不容忽视。本书选取了中国遭受反倾销的 23 个具体涉案农产品，通过 DEA 模型对中国农业产业安全的状况进行了评价。

第 10 章基于 4 个涉案产业之间的比较对反倾销视角下中国产业安全进行评价。本书选取了中国遭受反倾销的主要的 4 个主要的产业——贱金属产业、化工产业、机电产业、纺织产业，使用 DEA 模型对这 4 个涉案产业的产业安全进行评价，并分析不同产业之间的产业安全状况差异。

第 11 章是结论与再思考。首先，在上面各章研究的基础上，得出本书的主要研究结论；其次，对几个重要的研究结果或逻辑再次明确并进行了再思考，指出产业升级必须坚定不移地实施，中国要维护相关产业的产业安全，则需要更多地要从反倾销方面入手，并提出了总体思路

第 12 章对研究进行展望。指出了反倾销、产业升级和产业安全领域中仍需继续深入研究的一些现实问题：文化产业方面、产业安全的评价指标方面、中兴事件背景下对中国产业安全问题的反思方面，针对这些问题提出了今后的研究展望。

1.5　研究方法

本书统计和梳理了中国遭受反倾销的状况、计算了中国及相关国家（地区）的产业升级和技术进步的指标数据，并就反倾销、产业升级之间的协同演化状况进行了实证分析，对反倾销、产业升级共同作用在的中国涉案产业的产业安全程度进行了测算和分析。本课题采用的研究方法主要有：

（1）内容分析法：对相关文献进行回顾，总结出反倾销下我国产业升级和产业安全的理论框架。

（2）比较分析方法：对中国遭受反倾销的强度与其他成员遭受反倾销的强度进行比较分析、对中国不同产业升级状况进行纵向和横向比较。

（3）统计分析方法：①计算中国遭受最终反倾销措施的强度指标和其他

成员遭受反倾销措施强度强度指标。②用描述性统计分析和社会网络分析方法研究中国遭受的反倾销；计算产业升级程度。③通过协同演化方程剖析反倾销与产业升级的互动机理。

（4）定性分析和个案分析方法：定性分析方法和其他方法相结合使用，主要用于思辨反倾销与产业升级的互动效应，以及它们对产业安全的影响；宏观支持体系和运作策略则以个案分析作为辅助进行定性分析。

（5）博弈分析：通过博弈心理分析反倾销对产品价格的影响。

（6）系统分析法：把核心研究内容分成内外两个系统，其中内部系统是反倾销与产业升级的互动效应，及对产业安全的影响，外部系统是基于内部系统构建的宏观支持体系和运作策略。

1.6 研究创新

本书的研究创新主要体现为：

（1）通过理论演绎和实证分析，以具有大众示范效应的具体产业为基础，嵌入产业升级，探索反倾销对产业安全的影响，并从全球化的产业分工动态视角构建宏观支持体系和贯穿企业、产业、国家经济三个层面的均衡运作策略。

（2）将用于社会学问题领域的社会网络分析方法用于解读中国遭受反倾销的状况。反倾销是国际经济贸易研究领域的一个重要研究内容，但将社会网络分析方法运用到反倾销研究领域的极其稀少，已有的研究更多地偏向于对全球反倾销状况的解读和从贸易角度的解释；另外已有的研究无法显示中国在世界反倾销中的动态变化。从 WTO 成立后的 1995 年以来，世界反倾销环境在不断变化，中国遭受反倾销的状况也是动态变化的，因此本书运用社会网络分析方法对世界反倾销网络的结构进行测度，从动态变化的视角对中国在世界反倾销中的角色地位变化进行实证研究，从反倾销本身视角对实证结果进行解读。这对于清楚认识中国在世界反倾销中面临的真实环境、实现中国对外贸易可持续发展具有积极意义。

　　（3）将源于生物学领域的协同演化理论应用于反倾销与产业升级之间的持续互动与演变研究。反倾销与产业升级之间关系的实证研究很少，已有的实证研究也仅研究单向影响，即只研究反倾销对产业升级的影响，或只研究产业升级对反倾销的影响，对于反倾销和产业升级这两者之间的双向互动影响、协同演化没有涉及；而且有的研究是将反倾销、反补贴等多种贸易摩擦的影响合在一起分析，一定程度上导致缺乏针对性。这就衍生一个有价值的研究问题：反倾销与产业升级之间存在协同演化吗？若存在，则是如何协同演化的？已有的文献显示，在贸易摩擦领域还无人采用协同演化思想和方法进行研究，本书从产业安全的视角，从理论上去诠释两者之间协同演化的机制以及协同演化对产业安全影响的机制，并采用协同演化模型去验证两者之间的协同演化问题。这有利于我们深化认识中国遭受的反倾销问题，有利于更有效地维护我国的产业安全和获取合法的贸易利益。

2

中国遭受反倾销的统计与分析

2.1 引　　言

　　2012 年 9 月 6 日，欧盟宣布对中国光伏产品发起反倾销立案调查，该调查涉及金额超过 200 亿美元，折合人民币近 1 300 亿元，为迄今为止对华最大贸易诉讼。国内光伏企业 90% 以上产品销往国外，每年销往美国大约 10%，欧盟销量最大，占我国全部产量的 70%，贸易金额超过 200 亿美元。欧盟委员会已于 2013 年 6 月 6 日宣布从 6 月 6 日开始对中国光伏产品征收 11.8% 的临时反倾销税，如果中欧双方没有达成"和解"，8 月起该税率会升至 47.6%。稍微让人欣慰的是在 2013 年 7 月底，经过中欧双方的努力，经过艰难的协商和谈判，中欧双方终于达成"和解"——主要是以"价格承诺"的方式达成和解。该"价格承诺"已于 2013 年 8 月 6 日开始实施。但是有些光伏企业却未能熬到这一天，比如，全球最大的太阳能电池厂商中国无锡尚德太阳能电力有限公司于 2013 年 3 月 20 日宣告破产。当然这个曾经风光无限的中国光伏企业的破产的原因不止一个，但是国外的反倾销无疑是其破产的最为直接的导火索或原因。另外，早在 2012 年 5 月 17 日，美国商务部已经对中国光伏产品做出"反倾销、反补贴"双反调查，美国商务部在当年 10 月做出了终裁，认定存在倾销行为，倾销幅度为 18.32% ~249.96%。光伏行业遭受的反倾销已对光伏产业的产业安全产生了重大影响，这导致我们对反倾销的在产业安全方面的影响产生了前所未有的高度关注。

　　反倾销在 21 世纪逐渐成为世界各国保护本国相关产业安全，抵制国外不公平竞争的主要手段。虽然反倾销具有合法性，本应是一种被动的保护本国产业的手段，但被一些国家滥用，演变成为一种极具影响的贸易保护的工具。从 WTO 成立后的 1995～2017 年，全球有 50 个成员发起反倾销调查共 5 529 起。同期，全球有 44 个成员实施最终反倾销措施共 3 604 起。图 2.1 列出了遭受反倾销数量最多的 15 成员及案件数，包括中国、韩国、中国台湾、美国、印度、泰国、日本、印度尼西亚、俄罗斯、巴西、马来西亚、欧盟、德国、土耳其、乌克兰在内的 15 个国家（地区），这 15 个成员遭受的反倾销调查数量总计 4 016 起，占全球总量的 73%，遭受的最终反倾销措施总计 2 711 起，占全球总量的 75%。遭受反倾销数量最多的 4 个成员为中国、韩国、中国台湾和美国，反倾销调查和最终反倾销措施数量占全球总量就已高达 41% 和 43%。

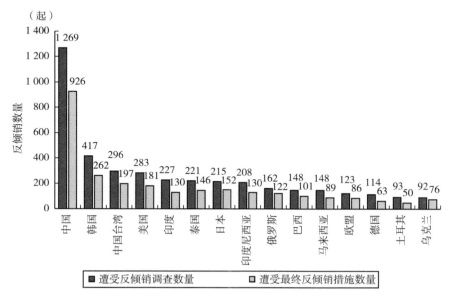

图 2.1　遭受反倾销数量最多的成员及案件数（1995～2017 年）

资料来源：根据 WTO 反倾销统计数据整理。

2.2　中国遭受反倾销总量分析

众所周知，中国是世界反倾销最大的受害国，每年均遭受到大量的反倾销。1995～2017 年期间，共有 37 个成员对中国发起反倾销调查 1 269 起（占全球总量的 23%），而排名第二的韩国仅遭受 417 起；共有 34 个成员对中国实施最终反倾销措施 926 起（占全球总量的 26%），而排名第二的韩国仅被实施 262 起（具体数据见图 2.1）。

表 2.1 和表 2.2 列出了中国遭受反倾销调查和遭受最终反倾销措施的年度数据以及占世界比重，图 2.2 和图 2.3 则更为直观地显示出了中国遭受反倾销调查和遭受最终反倾销措施的占比变化情况。我们可以非常直观地观察到：中国遭受反倾销调查占全球的比重在 2009 年之前总体上是不断上升，其中 2006 年、2007 年、2008 年和 2009 年达到顶峰，每年均维持在 35% 以上，2009 年以后的比重出现了较频繁的上下波动。中国遭受最终反倾销措施占全球的比重在 2011 年以后出现了较频繁的上下波动外，其余年份总体上也是在不断上升，其中 2007 年、2008 年、2009 年、2010 年和 2011 年达到顶峰，每年均维持在 37% 以上。

表 2.1　　　　1995～2017 年中国遭受的反倾销调查数量及占世界比重

年份	中国遭受反倾销调查数量（起）	世界反倾销调查数量（起）	占世界比重（%）
1995	20	157	12.7
1996	43	226	19.0
1997	33	246	13.4
1998	27	264	10.2
1999	42	357	11.8
2000	43	296	14.5
2001	55	372	14.8
2002	50	311	16.1

续表

年份	中国遭受反倾销调查数量（起）	世界反倾销调查数量（起）	占世界比重（%）
2003	53	234	22.6
2004	49	221	22.2
2005	53	198	26.8
2006	73	203	36.0
2007	61	165	37.0
2008	78	218	35.8
2009	78	217	35.9
2010	44	173	25.4
2011	51	165	30.9
2012	60	208	28.8
2013	76	287	26.5
2014	63	236	26.7
2015	70	229	30.6
2016	93	298	31.2
2017	54	248	21.8
总计	1 269	5 529	23.0

资料来源：根据 WTO 反倾销统计数据整理。

表 2.2　1995～2017 年中国遭受的最终反倾销措施数量及占世界比重

年份	中国遭受反倾销调查数量（起）	世界反倾销调查数量（起）	占世界比重（%）
1995	27	120	22.5
1996	16	92	17.4
1997	33	127	26.0
1998	24	185	13.0
1999	21	190	11.1
2000	30	236	12.7
2001	31	169	18.3
2002	36	218	16.5
2003	41	224	18.3

续表

年份	中国遭受反倾销调查数量（起）	世界反倾销调查数量（起）	占世界比重（%）
2004	44	154	28.6
2005	42	138	30.4
2006	37	142	26.1
2007	46	105	43.8
2008	54	143	37.8
2009	57	143	39.9
2010	56	134	41.8
2011	37	99	37.4
2012	36	121	29.8
2013	52	161	32.3
2014	40	157	25.5
2015	61	181	33.7
2016	46	171	26.9
2017	59	194	30.4
总计	926	3 604	25.7

资料来源：根据 WTO 反倾销统计数据整理。

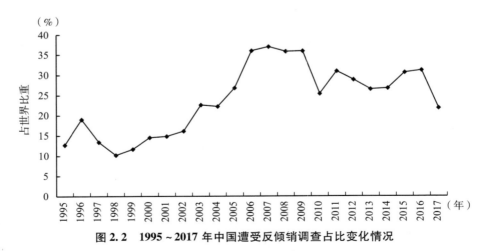

图 2.2　1995～2017 年中国遭受反倾销调查占比变化情况

资料来源：根据 WTO 反倾销统计数据整理。

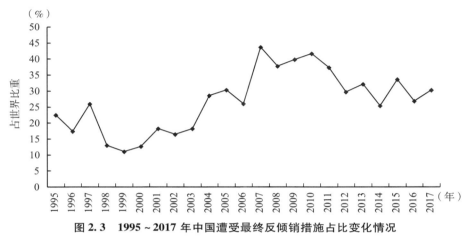

图 2.3 1995～2017 年中国遭受最终反倾销措施占比变化情况

资料来源：根据 WTO 反倾销统计数据整理。

中国遭受反倾销调查绝对数量达到顶峰的是 2016 年，该年度国外对我国发起了 93 起反倾销调查案件（该年度占比为 31.2%）；而在最终反倾销措施方面，中国遭受最终反倾销措施绝对数量达到顶峰的是 2015 年，数量达到 61 起（该年度占比为 33.7%），但 2015 年同期中国出口总额在全球的比重却只有 15%。

2.3　中国遭受反倾销的成员分析

图 2.4 和图 2.5 分别列出了 1995～2017 年期间对中国发起反倾销调查和实施最终反倾销措施的所有成员及其案件数量。分别有 37 个成员对中国发起反倾销调查和 34 个成员对中国实施最终反倾销措施。

对华反倾销数量最多的成员是印度，同时印度也是世界头号反倾销大国。1995～2017 年，在全球范围内印度发起反倾销调查 888 起、实施最终反倾销措施 656 起。其中对中国发起反倾销调查 214 起，占全球对华反倾销调查总量的 16.9%，占印度在全球发起的反倾销调查总量的 24.1%；对中国实施最终反倾销措施 167 起，占全球对华最终反倾销措施总量的 18.0%，占印度在全球实施的最终反倾销措施总量的 25.5% 。

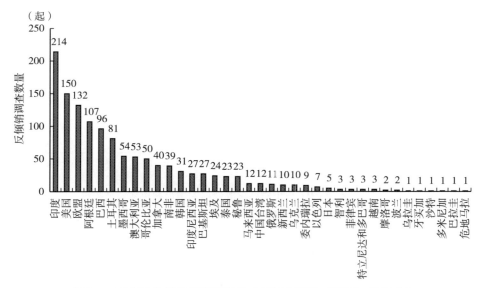

图 2.4 对中国发起反倾销调查的成员及案件数 （1995～2017 年）

资料来源：根据 WTO 反倾销统计数据整理。

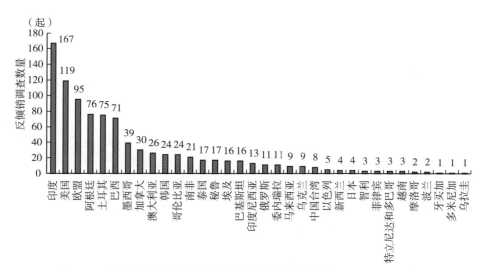

图 2.5 对中国实施最终反倾销措施的成员及案件数 （1995～2017 年）

资料来源：根据 WTO 反倾销统计数据整理。

对华反倾销的另外两大主力是美国和欧盟。1995～2017年，在对华反倾销调查和最终反倾销措施方面，美国的数量分别为150起和119起；欧盟的数量分别为132起和95起。美国和欧盟合计后的对华反倾销数量占全球对华最终反倾销总量的比重为：反倾销调查占22.2%、最终反倾销措施占23.1%。

印度、美国和欧盟对华反倾销数量合计在一起占全球对华最终反倾销总量的比重为：反倾销调查占39.1%、最终反倾销措施占41.1%。

2.4 中国遭受反倾销的产品分析

按照《商品名称和编码协调制度》（HS）中的产品分类，所有的22个大类产品中，除了第3类、第14类、第19类、第21类和第22类这5个大类的产品没有遭受过反倾销外，其余的17个大类的产品均遭受过反倾销①。可见中国遭受反倾销的产品分布是非常广的，涉及大量的行业，如果再考虑上这些行业的关联行业，则反倾销就几乎涉及我国所有的行业。

表2.3和表2.4列出了中国遭受调查和遭受最终反倾销措施的产品类别的具体案件数量和占比。数据显示，中国遭受反倾销最多的产品是贱金属及其制品、化学工业及其相关工业的产品，占中国遭受反倾销调查总量的比重达到：贱金属及其制品为29.5%、化学工业及其相关工业的产品为18.5%。

---

① 我国遭受反倾销的17个大类产品分别如下：第1类：活动物，动物产品；第2类：植物产品；第4类：食品，饮料、酒及醋，烟草、烟草及烟草代用品的制品；第5类：矿产品；第6类：化学工业及其相关工业的产品；第7类：塑料及其制品；第8类：生皮、皮革、毛皮及其制品，鞍具及挽具，旅行用品、手提包及类似品，动物肠线（蚕胶丝除外）制品；第9类：木及木制品，木炭，软木及软木制品，稻草、秸秆、针茅或其他编结材料制品，篮筐及柳条编结品；第10类：木浆及其他纤维状纤维素浆，纸及纸板的废碎品，纸、纸板及其制品；第11类：纺织原料及纺织制品；第12类：鞋、帽、伞、杖、鞭及其零件，已加工的羽毛及其制品，人造花，人发制品；第13类：石料、水泥等材料的制品，陶瓷、玻璃及其制品；第15类：贱金属及其制品；第16类：机电设备及其零附件；第17类：车辆、航空器、船舶及有关运输设备；第18类：光学、照相、电影、计量、检验、医疗或外科用仪器及设备、精密仪器及设备，钟表，乐器，上述物品的零件、附件；第20类：杂项制品。

占中国遭受最终反倾销措施总量的比重达到：贱金属及其制品为 29.4%、化学工业及其相关工业的产品为 20.6%。我国遭受反倾销的产品中，这两大类产品就接近 50%。这反映出世界上各国在贱金属及其制品和化工产品上存在比较激烈的竞争，同时也提醒我国在这两大类产品的出口上要加倍小心。中国在贱金属及其制品和化工产品遭受到最多的反倾销的主要原因可能是：一是由于对贱金属及其制品和化工产品的反倾销是全世界存在的一种普遍现象，在世界反倾销中涉案最多的产品就是这两大类产品，因此中国在贱金属及其制品和化工产品遭受到最多的反倾销和世界反倾销的总体情况是相符的；二是由于贱金属行业和化工是属于资本密集型行业，这些行业一旦开始运行，资本规模大，适应市场供求变化而调整的能力差，因此，它需要一定的保护，这也就是造成贱金属、化工等行业遭受反倾销案较多的重要原因。若再加上机电设备及其零附件、纺织原料及纺织制品这两类的话，这 4 类涉案产品在中国遭受反倾销中的总体比重约为 70%。

表 2.3   1995～2017 年中国遭受反倾销调查的产品类别

涉案产品类别	反倾销调查数量（起）	占比（%）
贱金属及其制品	374	29.5
化学工业及其相关工业的产品	235	18.5
机电设备及其零附件	145	11.5
纺织原料及纺织制品	100	7.9
其余所有类别	414	32.6

资料来源：根据 WTO 反倾销统计数据整理。

表 2.4   1995～2017 年中国遭受最终反倾销措施的产品类别

涉案产品类别	最终反倾销措施数量（起）	占比（%）
贱金属及其制品	272	29.4
化学工业及其相关工业的产品	191	20.6
机电设备及其零附件	104	11.2

续表

涉案产品类别	最终反倾销措施数量（起）	占比（%）
纺织原料及纺织制品	75	8.1
其余所有类别	284	30.7

资料来源：根据 WTO 反倾销统计数据整理。

2.5　本章小结

　　通过 1995～2017 年中国遭受反倾销的各类数据的分析，结果显示：共有 37 个成员对中国发起反倾销调查 1 269 起，占全球总量的 23%；共有 34 个成员对中国实施最终反倾销措施 926 起，占全球总量的 26%；反倾销占比远超过中国在世界贸易中的份额，这与我国在世界贸易中的地位和份额不相匹配；印度、美国和欧盟对华反倾销数量合计在一起占全球对华最终反倾销总量的比重为：反倾销调查占 39.1%、最终反倾销措施占 41.1%；中国遭受反倾销的涉案产品涵盖了 HS 中 22 个大类产品的 17 产品类别，也就是说中国绝大多数的大类产品都遭受了反倾销，其中涉案最多的是贱金属及其制品和化工产品。中国作为最大的反倾销受害国已经遭受到和正在遭受到世界强烈的反倾销调查和最终反倾销措施。总体上中国遭受到的反倾销呈增长趋势，且绝对数量和占比都排在世界第一，这与我国在世界贸易中的地位和份额不相匹配。

　　总之，无论是从总量、占比去考察，以及从成员结构和产品结构去考察，我国遭受反倾销的状况都非常严峻，需要我们对中国遭受到的反倾销给予高度的重视。反倾销已对中国的对外贸易构成了严峻的挑战，中国的产业安全已面临现实或潜在的重大威胁。另外，中国的"非市场经济地位"问题长期导致中国在反倾销裁决中处于非常不利的地位，也导致反倾销阴影下的中国的产业安全雪上加霜。

3

中国遭受反倾销的强度测算与比较分析

3.1 引　　言

反倾销是一个统称，具体包括"反倾销调查"和"最终反倾销措施"两个方面，已有的研究主要是集中于反倾销调查，仅有少数文献是研究最终反倾销措施的。本章期望能在"最终反倾销措施"方面的研究进行尝试，因此本章的研究思路是：从中国遭受最终反倾销措施的总量视角，以及从对中国实施最终反倾销措施的不同实施成员的成员视角，对中国遭受最终反倾销措施的强度状况进行测算和比较分析，即通过反倾销强度指数（anti-dumping index，ADI）的测算和比较分析，挖掘出反倾销的总量、占比等数据无法充分反映的信息。

WTO 成立后的 1995～2017 年，中国遭受到的最终反倾销措施共计 926 起（年均 40 起），而且涉案产品的范围广泛，包括原材料、半制成品、制成品等。第 2 章中的图 2.1 的数据显示，中国遭受的最终反倾销措施全球第一，绝对数量远远高于其他成员。前后共计 34 个 WTO 成员对我国实施了该措施。反倾销逐渐兴起的一个重要原因是该手段在绝大多数情况下能对价格和贸易产生直接的影响，从而保护本国产业。反倾销本应是一种被动的保护本国产业的手段，但被一些国家滥用，演变成为一种极具影响的贸易保护的工具。

如有学者认为反倾销威胁到过去50多年多边贸易体系尽力构建的非歧视和互惠的基本原则（James，2000）；也有学者指出，反倾销已成为自由公平贸易体系的主要障碍（Prusa，2005）。

在中国作为世界反倾销最大受害国的背景下，通过本章的探索性研究，期望能从不同的视角充分揭示世界对华实施最终反倾销措施对我国出口市场份额的影响程度，并对影响程度进行量化分析，从而揭示我国在不同出口市场遭受影响的差异，并揭示中国与不同国家在同一市场上遭受影响的差异，为我国出口贸易的可持续发展和产业安全提供更全面和更深入的数据支撑，为涉案产业提供策略参考，同时维护我国合法贸易利益。

3.2 中国遭受最终反倾销措施强度比较分析
——总量视角

芬格和默里（Finger & Murrary，1993）提出了一国被指控倾销相对其出口绩效的强度指数，该指数常被称为反倾销强度指数。反倾销强度指数（anti-dumping index）一般缩写为 ADI，本章则使用测算出来的各类 ADI 数据进行相关的比较分析。对于一国或地区，反倾销强度指数 ADI 可通过下面的公式（3.1）计算：

$$ADI_i = \frac{AD_i(t,\ t+n)/AD_w(t,\ t+n)}{EX_i(t,\ t+n)/EX_w(t,\ t+n)} \tag{3.1}$$

其中：$AD_i(t,\ t+n)$ 表示在 $[t,\ t+n]$ 时期内针对 i 成员的反倾销数量，$AD_w(t,\ t+n)$ 表示世界进行的反倾销总量，$EX_i(t,\ t+n)$ 表示 i 成员在 $[t,\ t+n]$ 时期的出口额，$EX_w(t,\ t+n)$ 表示在 $[t,\ t+n]$ 时期内的世界出口总额。如果一成员的 $ADI > 1$，则该成员的出口市场份额强烈地受到反倾销影响；如果 $ADI = 1$，则反倾销与该成员出口份额是相匹配的；如果 $ADI < 1$，则该成员出口市场份额受到反倾销影响较少。

ADI 可进一步细分为"反倾销调查强度指数"和"最终反倾销措施强度指数"，由前文已提到已有的研究主要集中在"反倾销调查"方面，对"最终反倾销措施"的研究较少,本章仅涉及"最终反倾销措施强度指数"的计算和分析,因此,后文提到的 ADI 仅指最终反倾销措施强度指数类别。

中国是世界遭受最终反倾销措施最多的国家,本部分从中国遭受最终反倾销措施总量的视角进行比较分析。一方面,对中国各个年度的该强度指数进行纵向比较;另一方面,还需将中国与其他成员的该强度指数进行横向比较。本章选取了第二和第四位的韩国和美国(由于排第三位的是中国台湾,而将中国大陆与中国台湾进行 ADI 比较分析的意义不大,因此本章不选取中国台湾进行横向比较)进行比较。由于数据获取的原因,本书仅研究 1995 ~ 2016 年期间的最终反倾销措施强度指数情况。中国、韩国、美国这三国在 1995 ~ 2016 年遭受最终反倾销措施强度指数的总值分别为 2.7、2.4、0.5,其各年份的最终反倾销措施强度指数情况见图 3.1。

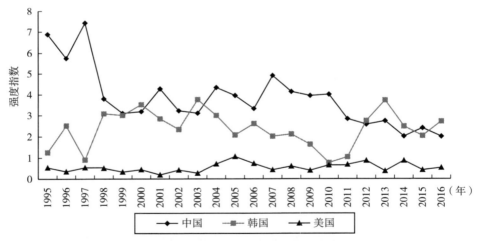

图 3.1 中国、韩国和美国遭受反倾销的最终反倾销措施强度指数(1995 ~ 2016 年)
资料来源:根据 WTO 和联合国数据整理计算得到。

首先,对中国不同年份的最终反倾销措施强度指数进行纵向比较。1995 ~ 2016 年,中国的最终反倾销措施强度指数总值为 2.7。中国的情况可分为两个阶段:1995 ~ 1997 年为一个阶段,该阶段中国的最终反倾销措施强度指数处于超高状况,三个年份都超过 5,在 1997 年该指数达到最高的 7.4;1998 ~

2016 年为第二个阶段，该阶段中国的最终反倾销措施强度指数呈现出较大幅度的降低，其中 1998～2010 年均在 3 以上，2011～2016 年降到 3 以下，但是最低也达到了 2（2016 年）。这表明 1995～2016 年中国出口市场份额受到巨大的反倾销影响，1995～1997 年受到的影响尤为严重。

其次，将中国的最终反倾销措施强度指数与韩国、美国的该指数进行横向比较。1995～2016 年，韩国的该指数总值为 2.4。各个年度的 ADI 显示，韩国在大多数年份均超过 1，一般维持在 2～3 的水平，最高达到 3.8（2003年），因此韩国的出口市场份额受到的影响也较为强烈，但韩国的最终反倾销措施强度指数仍低于中国，仅仅在 2000 年、2003 年、2012 年、2013 年、2014 年和 2016 年其该指数高于中国。美国不仅整个期间的该指数总值仅为 0.5，且除 2005 年的年度指数略微大于 1 外，其他各个年份都远低于 1，因此美国的出口市场份额受到的影响并不大。特别需要指出的是，中美两国总体的 ADI 数据之比达到 4.9 倍。

从总量视角来看，通过自身的年度纵向比较，ADI 数据显示中国的出口市场份额长期受到世界对华实施的最终反倾销措施非常强烈的影响，1995～1997 年受到的影响尤为严重；通过与韩国和美国的横向比较，ADI 数据显示韩国的出口市场份额也较强烈地受到反倾销影响，但韩国受到影响的强度低于中国较多，而美国的出口市场份额受到反倾销影响很小。

3.3 中国遭受最终反倾销措施强度比较分析
——成员视角

对华实施最终反倾销措施的成员很多。本部分则是从对中国实施最终反倾销措施的主要成员的视角进行比较分析。

3.3.1 印度实施最终反倾销措施强度比较分析

印度是对华反倾销最多的国家，1995～2016 年，印度总计实施最终反倾销措施达 609 起，其中对中国实施 152 起，占全球对中国实施最终反倾销措施总数的 17.6%，占同期印度实施总数的 25.0%。

印度最终反倾销措施的成员强度指数的计算公式（3.2）如下：

$$INDIA-ADI_i = \frac{AD_{INDIA-i}/AD_{INDIA}}{IM_{INDIA-i}/IM_{INDIA}} \tag{3.2}$$

其中：$INDIA-ADI_i$ 表示印度针对 i 成员的最终反倾销措施成员强度指数，$AD_{INDIA-i}$ 表示在 1995～2016 年印度针对 i 成员的最终反倾销措施的数量，AD_{INDIA} 表示印度在 1995～2016 年的最终反倾销措施的总量，$IM_{INDIA-i}$ 表示印度在 1995～2016 年自 i 成员的进口额，IM_{INDIA} 表示印度在 1995～2016 年的进口总额。

具体各成员的印度最终反倾销措施强度指数见表 3.1。从印度最终反倾销措施成员强度指数上看，第一位为泰国（强度指数为 4.8），第二位为韩国（强度指数为 2.6）。其实这两个成员遭受印度最终反倾销措施的绝对数量分别仅为 32 起和 45 起，强度指数之所以偏高主要是由于印度自这两国的进口额偏低造成的。如印度自泰国的进口额只有印度自中国进口额的 1/10，印度自韩国的进口额只有印度自中国进口额的 1/3。中国虽然排在第三位，但我国的该指标高达 2.3，远超过 1，说明中国对印度的出口市场份额强烈地受到印度反倾销影响，但受到的影响较泰国和韩国低。表 3.1 中该指数是低于 1 的仅有欧盟和美国这两个成员，分别只有 0.5 和 0.9，说明欧盟、美国对印度出口市场份额受到印度反倾销影响较弱。

表 3.1　　印度最终反倾销措施成员强度指数（1995～2016 年）

序号	成员	遭受印度最终反倾销措施数量	印度最终反倾销措施成员强度指数
1	中国	152	2.3
2	中国台湾	48	—
3	欧盟	46	0.5
4	韩国	45	2.6
5	泰国	32	4.8
6	美国	30	0.9

序号	成员	遭受印度最终反倾销措施数量	印度最终反倾销措施成员强度指数
7	日本	26	1.6
8	印度尼西亚	25	1.5
9	马来西亚	22	1.6
10	新加坡	20	1.5

注：由于无法获得中国台湾与印度的相关贸易数据，因此中国台湾的最终反倾销措施强度指数无法计算出。

资料来源：根据 WTO 和联合国数据整理计算得到。

3.3.2 美国和欧盟实施最终反倾销措施强度比较分析

WTO 成立后，美国和欧盟对华反倾销数量分别名列第二、第三。1995～2016 年间，该两个 WTO 成员分别对中国实施最终反倾销措施 111 起和 91 起，合计占同期中国遭受最终反倾销措施总数的 23.3%，占同期美国、欧盟实施最终反倾销措施总数（709 起）的 228.5%。

虽然印度对中国最终反倾销措施数量最高，但是由于长期以来美国、欧盟都是我国最为主要的出口市场，因此远超对印度的出口。例如，2016 年我国对美国的出口额占我国出口总额的 18.4%[1]；另外美国、欧盟的反倾销示范效应很强，它们在反倾销上的举措常会为其他国家效仿，因此需要给予美国、欧盟更多的关注。

本章选取遭受美国、欧盟反倾销最多的 5 个成员[2]，构造"美国最终反倾销措施成员强度指数"和"欧盟最终反倾销措施成员强度指数"，通过强度指数进行横向比较。

"美国最终反倾销措施成员强度指数"计算公式（3.3）如下：

$$US - ADI_i = \frac{AD_{US-i}/AD_{US}}{IM_{US-i}/IM_{US}} \tag{3.3}$$

---

① 根据联合国统计署贸易数据库数据计算得到。

② 遭受美国最终反倾销措施最多的 5 个成员依次是：中国、日本、中国台湾、韩国和墨西哥。遭受欧盟最终反倾销措施最多的 5 个成员依次是：中国、印度、泰国、俄罗斯、印度尼西亚。

"欧盟最终反倾销措施成员强度指数"计算公式（3.4）如下：

$$EU - ADI_i = \frac{AD_{EU-i}/AD_{EU}}{IM_{EU-i}/IM_{EU}} \qquad (3.4)$$

其中：$US - ADI_i$ 和 $EU - ADI_i$ 分别表示美国、欧盟针对 i 成员的最终反倾销措施成员强度指数，AD_{US-i} 和 AD_{EU-i} 分别表示在 1995～2016 年美国、欧盟针对 i 成员的最终反倾销措施数量，AD_{US} 和 AD_{EU} 分别表示美国、欧盟在 1995～2016 年最终反倾销措施的总量，IM_{US-i} 和 IM_{EU-i} 分别表示美国、欧盟在 1995～2016 年自 i 成员的进口额，IM_{US} 和 IM_{EU} 分别表示美国、欧盟在 1995～2016 年的进口总额。美国、欧盟的最终反倾销措施成员强度指数具体数据分别见表 3.2、表 3.3。

表 3.2   美国最终反倾销措施成员强度指数（1995～2016 年）

序号	成员	遭受美国最终反倾销措施数量	美国最终反倾销措施成员强度指数
1	中国	111	1.8
2	日本	25	0.8
3	韩国	25	2.3
4	中国台湾	23	——
5	墨西哥	18	0.4

注：由于无法获得中国台湾与美国的相关贸易数据，因此中国台湾的反倾销成员强度指数无法计算出。

资料来源：根据 WTO 和联合国数据整理计算得到。

表 3.3   欧盟最终反倾销措施成员强度指数（1995～2016 年）

序号	成员	遭受欧盟最终反倾销措施数量	欧盟最终反倾销措施成员强度指数
1	中国	91	5.3
2	印度	21	7.4
3	俄罗斯	21	2.7
4	泰国	19	12.9
5	印度尼西亚	14	4.8

资料来源：根据 WTO 和联合国数据整理计算得到。

1995～2016 年，美国在全球共计实施最终反倾销措施 395 起。在美国实施的最终反倾销措施对象成员中，中国遭受的绝对数量最高，共计 111 起；中国在美国遭受最终反倾销措施总量占美国实施总量的占比也是最高，达到 28.1%。虽然日本排在第二位，但遭受的最终反倾销措施只有 25 起，占比只有 6.3%。考察美国最终反倾销措施成员强度指数，中国排在第二位，高达 1.8；韩国排在第一位，高达到 2.3；日本和墨西哥的该指数均低于 1，分别为 0.8 和 0.4。我们可以看到中国对美国出口市场份额受到美国反倾销的强烈影响。当然，韩国对美国出口市场份额受到美国反倾销更为强烈的影响，但韩国遭受到的美国反倾销绝对数量却远低于中国。

1995～2016 年，欧盟在全球共计实施最终反倾销措施 314 起。在欧盟的反倾销部分，中国遭受的绝对数量最多，共计 91 起；中国在欧盟遭受最终反倾销措施总量占欧盟实施总量的占比也是最高，达到 29.0%。虽然印度排在第二位，但遭受的最终反倾销措施仅有 21 起，占比只有 6.7%。考察欧盟反倾销最终反倾销措施成员强度指数，虽然其他成员遭受的绝对数量远低于中国，但这些成员的该指数都很高。笔者分析后认为，主要是由于这些成员对欧盟的出口额均偏低，从而导致计算出的 ADI 偏高。第一位的是泰国，ADI 高达 12.9；第二位的是印度，ADI 高达 7.4。中国虽然排在第三位，但 ADI 也达到了 5.3，远超过 1。俄罗斯、印度尼西亚的该指标也均超过 1，这说明不仅中国，其他成员对欧盟出口市场份额均受到强烈的影响，但对此需要有区别地进行分析，因为中国遭受到的绝对数量是这些成员的好几倍以上（如中国是印度的 4.3 倍）。

从成员视角来看，通过对印度、美国、欧盟这三个对中国实施最终反倾销措施的主要成员对中国遭受最终反倾销措施的强度指数的比较分析，发现：①ADI 数据显示在美国的对外反倾销的目标国家中，中国对美国出口的市场份额受到的影响最为强烈，但是在印度、欧盟的对外反倾销的目标国家中，中国对印度、欧盟出口的市场份额受到的影响并不是最强烈的，而韩国和泰国对印度出口市场份额受到的影响更大，印度和泰国则对欧盟出口市场份额受到的影响更大。这说明有的国家遭受到的最终反倾销措施与贸易额的比例比中国更为不匹配，同时也说明反倾销实施国对不同国家反倾销的强度非常不均衡。②中国的 ADI 数据远远超过 1，说明中国对印度、美国、欧盟的出口市场份额均强烈地受到最终反倾销措施的影响。

3.4　主要结论及政策建议

从中国遭受最终反倾销措施的总量、占比、增长率可以直观地看到中国在遭受最终反倾销措施上面临的严峻形势，但这些指标存在一定的局限性，它们对于出口市场份额的影响方面的信息无法较为充分地显示出来。因此，本章同时进一步通过测算 ADI 数据，对 1995～2016 年中国遭受最终反倾销措施强度进行了总量视角和成员视角的比较分析，挖掘出更多的信息，得出如下结论：

第一，由于 ADI 数据反映的是反倾销对一成员的相对影响，而非绝对影响，因此 ADI 数据在反映反倾销对出口市场份额的影响方面更具优势，能更准确和更细致地显示出最终反倾销措施对全球或对一成员出口市场份额产生的影响强度。

第二，作为世界反倾销最大受害国的中国在境外市场份额竞争中形势严峻且充满危机，但 ADI 数据客观显示，中国并非在每个主要的境外市场受到的影响强度都排在首位。

第三，通过总量视角的研究发现：中国在全球的出口市场份额长期受到最终反倾销措施非常强烈的影响，其中 1995～1997 年期间受到的影响尤为严重；虽然韩国在全球的出口市场份额也较强烈地受到影响，但其受到的影响远低于中国；美国虽是世界出口大国，但其在全球的出口市场份额受到的影响很小。这揭示出中国在全球的出口长期遭受到严重歧视和不公正的对待，而且远甚于反倾销的绝对数量所显现出的歧视和不公正。

第四，通过成员视角的研究发现：中国在印度、美国、欧盟的出口市场份额均强烈地受到最终反倾销措施的影响，但也存在差异，中国在欧盟受到的影响最大（达到 5.3 倍），其次是在印度（达到 2.3 倍），在美国受到影响最小（达到 1.8 倍）。另外，在印度市场上，韩国和泰国受到的影响比中国大；在美国市场上，韩国受到的影响比中国大；在欧盟市场上，印度和泰国受到的影响比中国大，这主要是因为这些成员对印度或欧盟的出口额偏低导致的。

中国在反倾销上面临的严峻形势和危机具有长期性。为了维护我国对外贸易的合法利益，增强产业安全，实现对外贸易的可持续发展，基于上述研究结论，笔者提出如下政策建议：

（1）短期目标是降低反倾销的绝对影响，长期目标则是降低反倾销的相对影响。ADI 指标反映的是一种相对影响，即反倾销数量相对于出口额的影响。从 WTO 成立后的 1995 年算起，目前我国已连续 24 年成为世界反倾销最大的受害国，中国遭受大量反倾销将会是一个长期的现象，短期内要大幅度地减少中国遭受的反倾销数量并不现实。因此，短期目标是在我国的一些主要境外市场上，即便在 ADI 指标没有变化的情况下通过合适的策略降低该市场上中国遭受反倾销的数量，从而降低反倾销对该市场的绝对影响。长期的目标则是在中国出口额维持现有水平或缓慢增长的情况下，通过有效的策略大幅降低中国遭受的反倾销数量，从而有效地大幅降低 ADI 指标，大幅降低反倾销的相对影响。这种相对影响的降低同时也代表我国出口中遭受严重歧视和不公正程度的降低。当然，相对影响降低的同时也实现了绝对影响的降低。

（2）降低在 ADI 相对偏高的市场的出口集中度，开发一些 ADI 相对偏低的目标市场。以中国在欧盟市场上的 ADI 指标 5.3 为例，在该 ADI 指标不变的静态状况下，中国对欧盟的出口每降低 1%，则中国遭受到的反倾销降低 5.3%，虽然对中国在欧盟市场份额影响强度并未降低（即仍为 5.3），但对中国在欧盟市场的绝对影响却减少了 5.3%。虽然中国 ADI 总值较高，但在不同的海外市场遭受到的影响强度高低不一，具有相对差异，因此建议适当降低在 ADI 相对偏高市场的出口集中度，将 ADI 相对偏低的市场作为目标市场积极进行开拓，将一部分产品出口到 ADI 相对偏低的国家。这能有效降低反倾销对中国海外市场的绝对影响，即有利于实现前文提到的短期目标——降低反倾销的绝对影响，同时对于维持我国贸易利益和维护我国产业安全有着积极的意义。这种 ADI 的相对偏高或相对偏低若能以产业或产品为标准进行评价，则评判出的结果更具参考价值。

在前文提到的中国光伏产业案件中，我国光伏产品外销市场中的美国和欧盟市场就占到80%（其中欧盟更甚，占到70%）。再如，在印度对华桑蚕生丝反倾销案件中，我国的桑蚕生丝在反倾销调查期年份在印度的占比居然高达94%。市场越集中绝大，反倾销导致的产业安全问题也就越突出，因此，理性的出口企业应该主动投入一定的市场开拓资金，逐步开发一些ADI相对偏低的目标市场。

（3）高度重视与主要出口市场所在国家间双边贸易的均衡发展。长期以来，美国、欧盟、印度等既是对中国反倾销的主要成员，也是中国主要的贸易伙伴，与中国之间有大量的双边贸易。虽然反倾销问题与经济、政治等多个领域存在关联，但它首先是贸易领域的突出问题。许多研究都显示贸易状况与反倾销之间存在较强的关联，如有国外学者认为美国对中国反倾销与中国经济持续增长形成的巨额贸易赤字高度相关（James，2000）；谢建国也发现美国对华贸易逆差显著提高了美国对华的反倾销频率。若中国的主要出口市场所在国家能逐渐减少对中国的反倾销，那么中国遭受反倾销绝对数量就会明显减少，严峻状况就会得到有效缓减和改善。为此，从长期的视角来看，要实现前文提到的长期目标——降低反倾销的相对影响，我国应以主要出口市场所在国家为对象，以双边进出口基本平衡为目标，一方面鼓励国内企业增加能源、原材料、先进技术和设备的进口，另一方面要逐渐减少附加值低的产品出口，增加附加值高的产品出口。

（4）积极参加区域性多边经济合作。一方面可以减少对欧美、印度等中国主要出口市场的依赖和出口集中度，另一方面可以有效减小其他成员对中国实施反倾销的概率。有研究发现北美贸易协定中的争端解决机制明显减少了肯定性裁决比例（Jones，2000），因此积极参加区域性多边经济合作对反倾销具有一定的抑制效果。这对于降低反倾销的绝对影响和相对影响均有好处。此外，中国遭受反倾销后可以在一定程度上实现贸易转移，能够在短期给中国的涉案产业一个缓冲的机会，从而降低中国产业风险。

（5）选择性地建立合理的预警体系。中国在不同的出口市场上受到的影响程度有较大的差异，而且针对所有的贸易伙伴国和针对所有的出口商品去建立反倾销的预警体系是高成本和不现实的，因此基于历史数据计算出的 ADI 指标，以中国传统出口市场为基础，从中挑选出受到反倾销影响强度较大的出口市场，并针对重点出口产品建立反倾销的预警体系是一个更理性的选择。

3.5　本章小结

本章首先分析了中国遭受最终反倾销措施的基本状况，然后通过 ADI 数据的测算，对 1995～2016 年期间中国遭受最终反倾销措施的强度状况进行了比较分析，从不同的视角揭示一些国家和地区对华实施最终反措施的严峻形势。从总量视角上考察，中国的出口市场份额长期受到最终反倾销措施非常强烈的影响，1995～1997 年期间影响尤为严重。美国虽是世界出口大国，但其在全球的出口市场份额受到的影响却很小；从成员视角上考察，在美国市场，中国的出口市场份额受到的影响最为强烈；在印度、欧盟市场，中国的出口市场份额受到的影响并不是最强烈的。最后，针对中国提出了降低反倾销绝对影响的短期目标和降低反倾销相对影响的长期目标、积极参加区域性多边经济合作等政策建议。

反倾销对中国出口产品的价格效应分析
——以纺织品服装为例

4.1 引　言

中国是全世界最大的纺织服装消费国和生产国，纺织服装业是我国传统的支柱产业，也是一个劳动密集程度高和对外依存度较大的行业。纺织服装业是国内吸纳就业人口最多的传统制造业之一，国内纺织服装业现有直接就业者超过 2 100 万人[①]，间接涉及一亿农民的生计。[②] 该行业不仅在扩张内需、繁荣国内市场方面发挥着不可替代的作用，而且在平衡国际收支、外汇积累和利用国际市场方面同样具有不可忽视的战略意义。在世界纺织服装业中，中国既是生产大国，又是出口大国。纺织品服装是我国重要的出口产品，早在 1995 年就已经跃居世界纺织品服装出口排名的第一位。2013 中国纺织品服装出口已占世界纺织品服装出口总额的比重已超过 40%，达到 42.4%。[③]

虽然我国纺织品服装出口贸易在不断发展，但我国纺织服装贸易面临多

---

① 王建宏，张国坤. 宁夏吴忠召开全国纺织产业精准扶贫推进会 ［N］. 光明日报，2018 – 08 – 01.

② 纺织业十企业联合发布社会责任报告 ［EB/OL］. 全球纺织网，2009.

③ 笔者根据联合国统计署贸易数据库数据计算得到。

方面的问题，其中非常严重的问题就是不断遭遇大量的贸易摩擦案件，而其中反倾销案件现已成为最为主要的贸易摩擦案件。在全球反倾销的涉案大类产品中，纺织品服装是一种主要的涉案产品。从 WTO 成立后的 1995～2017年，全球针对纺织品服装的反倾销调查案件有 393 起，中国遭受的反倾销调查案件为 100 起，占到全球的 25.4%；全球针对纺织品服装实施的最终反倾销措施有 271 起，中国遭受的最终反倾销措施为 75 起，占到全球的 27.7%，使我国成为纺织品服装遭受反倾销最为严重的国家。中国纺织品服装遭受的反倾销案件不仅数量多，而且涉案产品的种类比较广泛，原材料、半成品、成品都有，如丝绸织物、艺术画布、聚酯长纤面料、桑蚕生丝、服装、尼龙长丝纱线、棉坯布、牛仔裤等，涉及面较广。按照 HS 的分类，税号开头的两位数字是 50～63 的 14 个类别的商品都是属于纺织品的，而我国遭受反倾销的纺织品占到 14 个类别纺织品中的大部分。反倾销已成为我国纺织品服装出口中面临的主要贸易壁垒，我国纺织品服装出口占中国出口总额的比重几乎是逐年下降，很明显中国的纺织品服装出口受到长期的抑制。

4.2　文　献　综　述

对于反倾销的各种影响是学者们在反倾销领域研究的重点。

（1）反倾销的贸易效应。反倾销对贸易可能产生多种贸易效应，其中关注较多是：贸易限制效应（trade destruction effect）、贸易转移效应（trade diversion effect）。利希腾贝格（Lichtenberg，1990）较早使用来自所有来源国的总进口数据估计反倾销效应，认为反倾销极大地影响了本国出口市场的巩固。有学者对美国 1976～1988 年间化工行业的反倾销案例进行了分析（Krupp & Pollard，1996），发现在约一半的案例中，反倾销调查过程中以及最终的裁定结果，都减少了从被指控倾销的进口来源地的进口数量；与此同时，来自未遭到指控的进口来源地的进口数量却显著增加，显示存在明显的贸易转移。而另外两个学者的研究更为全面（Bown & Crowley，2007），他们对反倾销贸易效应进了较全面的归纳。大量的学者的研究都证明存在反倾销的贸易限制效应或（和）贸易转移效应（Staiger & Wolak，1994；Prusa，2001；沈瑶、王继柯，2004；鲍晓华，2007；沈国兵，2007；杨红强、聂影，2007），艾红（2007，2008）则专门针对水产品和对虾的反倾销研究了反倾销的多种贸易效应。

（2）反倾销对关联产业的影响。有研究发现下游产业的反倾销对上游产业有影响（Feinberg & Kaplan，1993），还有研究则发现上游产业的反倾销对下游产业有影响（Krupp & Skeath，2002）；朱钟棣、鲍晓华（2004）分析了反倾销税对中国各产业部门的关联影响。

（3）反倾销对国际直接投资的影响。多名学者均发现反倾销能激励对外直接投资（Belderbos，2003；沈国兵，2011），但是，王晰、张国政（2009）认为反倾销投资跨越效应仅在短期较明显；杨连星、刘晓光（2017）从投资的二元边际的视角研究了的反倾销影响。

（4）反倾销对生产率和研发投入的影响。大多数研究发现反倾销会导致受害国的生产率下降（Pierce，2011；谢申祥等，2017），但是也有不同研究结果（奚俊芳、陈波，2014）。研发投入方面，有学者发现企业研发投入取决于企业对反倾销税率的容忍程度（Kao & Peng，2016）。

（5）反倾销对规避行为、就业、社会福利等的影响。有学者发现反倾销会导致国际卡特尔（international cartel）和暗中勾结的形成（Staiger & Wolak，1992）；王分棉等（2013）证实了跨国公司合谋规避反倾销。反倾销对就业水平、市场供求、社会福利等方面的影响也有学者涉猎（Gallaway et al.，1999；巫强等，2014）。

（6）反倾销对价格的影响。反倾销的根本目的在于通过实施反倾销措施增加国外产品的成本、抬高进口价格、控制进口数量以保护本国产业，因此一般认为反倾销对价格的影响非常直接。赫尔普曼和克鲁格曼（Helpman & Krugman，1989）的研究是其中比较早的，他们分析认为，对国外进口产品征收反倾销税对产业的静态影响主要体现为国内价格上升。哈里森（Harrison，1991）也利用了美国1981～1986年跨行业的数据测算了反倾销税的价格效应，分析得出反倾销对于本国传统主导产业的价格抑制效应。但是也有例外，如阿什克姆（Asche，2001）使用美国对挪威三文鱼反倾销作为实证案例，采用协整分析技术研究，发现美国对挪威三文鱼反倾销没有产生直接影响。科林斯和范登布斯切（Konings & Vandenbussche，2001）使用统计回归的方法，首次检验了反倾销保护对于企业价格成本边际的影响。两位学者随后使用 4 000 个涉及反倾销案件的欧盟生产者的面板数据，估计了提出诉讼前后的价格上涨幅度。目前国内外针对反倾销行为的直接价格影响的研究成果较为缺乏。朱钟棣、鲍晓华（2004）关注了反倾销措施对产业的关联影响问题，论证了反倾销税价格效应的投入产出问题。杨悦、何海燕和王宪良（2007）根据我国行业和部门数据统计的口径，研究了钢铁产业进口反倾销行为对该产业价格指数的影响，并给出定量测算方法。

现有文献显示，虽然研究的涉案产品较多，但是缺乏对涉案的纺织品服装的直接价格影响的研究。中国的纺织服装贸易在中国的经济发展中、出口贸易中，以及世界纺织品服装的出口中有举足轻重的地位，因此本章专门针对中国涉案纺织品服装反倾销价格效应进行研究。由于涉案企业的博弈心理会影响到涉案企业的出口定价，因此本章以涉案企业的博弈心理作为中间的传导因素，分析了对华纺织品服装反倾销的价格效应。期望能为涉案产业安全战略的实施或调整提供数据支撑和决策参考，实现贸易可持续发展。

4.3 中国纺织品服装出口贸易状况

4.3.1 中国纺织品服装出口占中国出口总额比重较高，但呈下降趋势

从 WTO 成立后的 1995~2016 年，中国纺织服装出口额和我国出口总额总体上是逐年上升（其中少数年份例外：1995 年、1998 年、2009 年、2015 年和 2016 年中国纺织品服装出口为负增长）[①]。中国纺织品服装出口占中国

---

① 根据联合国统计署贸易数据库数据计算得到。

出口总额的比重总体上较高，所有年份都达到10%以上的占比，但是该比重呈现出逐年下降的趋势。其中1995年的比重最高，达到24.1%，2012年和2015年的比重最低，但也达到了12.0%，各年份具体比重数据见图4.1。

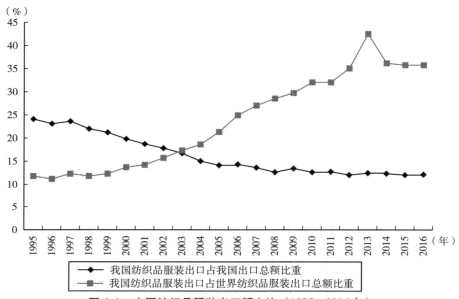

图4.1　中国纺织品服装出口额占比（1995~2016年）

资料来源：联合国统计署贸易数据库。

4.3.2　中国纺织服装出口在全球纺织品服装贸易中地位举足轻重

早在1995年就已经跃居世界纺织服装出口排名的第一位，占世界纺织服装出口总额的11.8%。到2005年中国纺织服装出口占世界纺织服装出口总额的比重已经达到21.3%。2010年我国纺织服装出口大幅上涨达到1 995亿美元，同比增长高达23.7%，占世界纺织服装出口总额的比重达到32%；2013年我国纺织服装出口仍然大幅上涨达到2 740亿美元，同比增长高达11.3%，占世界纺织服装出口总额超过40%，达到42.4%。2015年和2016年我国纺织品服装出口有所下降，但占世界纺织服装出口总额仍高达35.7%①。各年份的中国纺织服装出口占世界纺织服装出口总额比重的具体数据见图4.1。

4.3.3 主要出口市场分布状况

我国纺织品服装出口市场主要集中于欧盟、美国、东盟、日本、非洲、中国香港、韩国，合计占我国纺织品服装出口总额的75.8%。主要出口市场分布状况数据见表4.1。

表4.1   **2015年我国对主要市场出口纺织品服装情况**

主要出口市场	出口额（亿美元）	同比（%）	占比（%）
欧盟	541.4	-9.3	19.8
美国	499.9	6.7	18.3
东盟	363.3	-0.8	13.3
日本	225.5	-11.6	8.2
非洲	211.0	4.6	7.7
中国香港	140.2	-15.6	5.1
韩国	93.5	11.4	3.4

注：占比＝我国纺织品服装出口到各主要出口市场的出口额/我国纺织品品服装出口总额×100%。
资料来源：中国纺织工业联合会.中国纺织工业发展报告：2015～2016［M］.北京：中国纺织出版社，2016。

出口市场中，美国市场增长较为平稳，2015年我国对其纺织品服装出口额同比增长6.7%。对欧盟和日本出口受欧元、日元贬值影响突出，2015年出口额同比分别减少9.3%和11.6%。新兴市场受宏观经济环境影响需求减速也较为明显，我国对东盟纺织品服装出口额同比下降0.8%，对非洲出口额同比仅增长4.6%，增速较2014年分别放缓6.7个和12.7个百分点。

---

① 根据联合国统计署贸易数据库数据计算得到。

4.4 反倾销中我国涉案企业的博弈心理分析

反倾销对我国涉案产品出口价格的影响是通过影响我国涉案企业的博弈心理来实现的。不同的涉案企业可能会有不同的博弈心理，不同的博弈心理下就会出现不同的博弈行为，最终导致反倾销下的我国涉案纺织品服装的出口价格会出现不同的变动方向。

4.4.1 博弈心理一：为保持海外市场份额或避免海外市场份额大幅度降低

国外反倾销会导致国外消费者的购买价格上涨，从而会抑制消费，这样一来国外进口商的进口会减少，而我国有的涉案企业为了维持出口会选择通过降低出口价格来争取进口商的进口，从而保持现有海外市场份额或避免海外市场份额出现大幅度降低。

短期来看，虽然出口价格的下降能在一定程度上能避免涉案企业的海外市场份额的大量丢失或者完全丢失，从而维持涉案企业的生存。但是长期来看，出口价格的下降极有可能导致两个严重的结果：一是因为出口价格的下降会导致后期国外会再次认为我国出口产品仍然存在倾销行为，从而导致对我国出口产品反倾销的再次发生，进而进入恶性循环；二是出口价格降低到一定程度会导致我国涉案企业即便能继续出口，但没有利润可赚，或仅仅只有非常微薄的利润可赚，从而无法维持正常的生产和出口。

4.4.2 博弈心理二：为避免后期国外对我国涉案产品反倾销的再次发生

有的涉案企业考虑到为了避免后期国外对我国涉案产品反倾销的再次发生，因此在反倾销发生后，选择提高出口价格的博弈行为。出口价格的提高虽然能在一定程度上降低反倾销发生的概率，但是这种博弈行为会有一定代价：在出口价格上升的同时，我国的涉案企业的海外市场势必会萎缩，甚至完全退出该海外市场。那么对于那些缺乏技术、缺乏产品附加值、缺乏市场的涉案企业，这种博弈选择从短期和长期来看，均会对生产和出口产生严重的负面影响。而对于不断进行升级换代、不断提升附加值、不断进行多元化市场开拓的涉案企业，从短期来看出口价格上升会产生一定负面影响；但若能成功熬过海外市场萎缩的这段过渡期，长期来看拥有发展机会的概率较大。

某一涉案产品有多家涉案企业时，这时的出口价格的变动则取决于主导性的涉案企业的博弈心理。不同的涉案产品有不同的主导性的涉案企业，这些企业的技术、产品附加值、市场均不同，因此最终呈现出来的出口价格变动情况也可能不一样。

4.5 我国涉案纺织品服装反倾销价格效应分析

4.5.1 遭受反倾销的中国纺织品服装研究样本的选取

选取的样本越多，则研究结果的偏差就越小，结论的可信度越高，但由于无法获得我国所有涉案纺织品服装的数据的情况下，故最终选取了立案时间相对较集中的、具有时效性和代表性的 20 个涉案纺织品服装作为研究样本（见表 4.2）。

表 4.2　　　　　　　遭受反倾销的中国纺织品服装研究样本

序号	立案年份	涉案产品	立案国家和地区
1	2010	男士西服套装或西服式上衣	阿根廷
2	2008	涤纶纤维	阿根廷
3	2008	聚酯纤维	巴基斯坦

序号	立案年份	涉案产品	立案国家和地区
4	2009	合成纤维毯产品	巴西
5	2008	粘胶纤维	巴西
6	2008	人造纤维短纤纺制单纱线	巴西
7	2007	男用内衣	哥伦比亚
8	2008	聚酯预取向丝	韩国
9	2009	带织边窄幅织带	美国
10	2009	编织电热毯	美国
11	2006	聚酯短纤	美国
12	2009	平纹织物	秘鲁
13	2010	牛仔布	墨西哥
14	2009	合成纤维短纤	南非
15	2009	聚酯高强力纱	欧盟
16	2009	窗帘及装饰布	土耳其
17	2007	聚酯合成长丝纱线	土耳其
18	2007	合成纺织纱线	土耳其
19	2009	粘胶短纤维（除竹纤维外）	印度
20	2008	亚麻织物	印度

资料来源：根据 WTO 的各成员反倾销半年度报告及中国贸易救济信息网数据整理得到。

4.5.2　涉案纺织品服装的价格变动状况

本章以我国遭受反倾销的 20 个涉案纺织品服装为例，统计了中国涉案的纺织品服装在遭受反倾销前后对反倾销立案国家和地区的出口价格。以反倾销立案前一年的价格为基准，分别考察反倾销立案当年及其后两年的出口价格变动情况。

1. 价格变动的总体状况分析

涉案产品出口价格具体变动数据见表 4.3（为了能更为直观地观察到价格上升与价格下降，特将表格中价格下降的格子涂为灰色）。其中 T 表示立案年份，T、$T+1$、$T+2$ 分别表示反倾销立案的当年、立案后第一年和立案后第二年。出口价格变动为各个年份出口价格相对于立案年份出口价格变动的百分率。

表4.3   **中国涉案纺织品服装出口价格变动统计**

序号	涉案产品	出口价格变动（%）		
		T 年份	$T+1$ 年份	$T+2$ 年份
1	男士西服套装或西服式上衣	−66.2	−61.7	−57.7
2	涤纶纤维	4.6	−11.1	34.4
3	聚酯纤维	7.1	−15.6	0.9
4	合成纤维毯产品	−1.6	−49.1	−36.3
5	粘胶纤维	10.8	−24.1	7.3
6	人造纤维短纤纺制单纱线	9.7	−11.1	16.3
7	男用内衣	60.1	64.4	85.4
8	聚酯预取向丝	4.0	46.5	40.0
9	带织边窄幅织带	−34.9	−36.1	−36.1
10	编织电热毯	−66.1	−66.2	−65.0
11	聚酯短纤	2.0	0.3	13.6
12	平纹织物	15.8	−17.5	−20.6
13	牛仔布	−55.2	−45.6	−48.2
14	合成纤维短纤	−18.9	1.3	26.7
15	聚酯高强力纱	−17.5	−8.5	9.5
16	窗帘及装饰布	−34.0	−70.9	−65.3
17	聚酯合成长丝纱线	5.7	11.7	−7.4
18	合成纺织纱线	0.98	9.05	4.04
19	粘胶短纤维（除竹纤维外）	−5.1	20.7	41.3
20	亚麻织物	24.6	37.3	−51.0
	出口价格平均变动	−7.7	−11.3	−5.4
	价格下降次数合计	9 个	12 个	9 个

注：价格变动为正数表示价格上升，为负数则表示价格下降。
资料来源：根据联合国统计署贸易数据库数据计算得到。

每个涉案产品分别考察 3 个年份的价格，选取的涉案产品有 20 个，因此共计要考察 60 个数量的价格变动。表 4.3 中出现价格下降的次数总计 30 次，恰好占到总量的 50%，即正好有 1/2 的比例在反倾销中出现了价格下降。价格下降幅度最大达到 70.9%（窗帘及装饰布，$T+2$ 年份），价格下降幅度最小为 1.6%（合成纤维毯产品，T 年份）。数据显示价格上升的次数也为 30 次，占到总量的 50%。从价格上升或下降的次数上观察，这也显示出反倾销发生后涉案产品出口价格下降和上升的状况各占一半，平分秋色。

但是若再分析出口价格变动的总体幅度，结果显示，反倾销发生后，不同涉案产品的价格变动方向并不一致。即使是同一产品，它们的价格变动方向在不同年份也存在不一致的情况。若将 60 个数量的价格变动的百分率相加再除以 60，得到 −8.1%，这显示出反倾销发生后涉案产品出口价格变动幅度总体上显现出价格下降的状况。

2. 分年份的价格变动状况分析

表 4.3 中的数据显示，T 年份、$T+1$ 年份、$T+2$ 年份的出口价格平均变动均显示价格下降，分别为 −7.7%、−13.3%、−5.4%，数据显示反倾销对 $T+1$ 年份的涉案产品出口价格抑制最大，$T+2$ 年份的出口价格抑制最小。数据显示 T 年份中共计有 9 个涉案产品在反倾销立案的当年出现价格下降；$T+1$ 年份中共计有 12 个涉案产品在反倾销立案后的第一年出现价格下降；$T+2$ 年份中共计有 9 个涉案产品在反倾销立案后的第二年出现价格下降。可见，三个年份出口价格下降的次数比较均衡，没有明显差异。

总体上，反倾销对不同年份涉案产品出口价格的影响以抑制下降为主，$T+1$ 年份的涉案产品出口价格下降最多，$T+2$ 年份的出口价格下降最少。

3. 分产品的价格变动状况分析

T 年份、$T+1$ 年份、$T+2$ 年份这个 3 个年份均出现价格下降的涉案产品有 6 个，分别是：男士西服套装或西服式上衣、合成纤维毯产品、带织边窄幅织带、编织电热毯、牛仔布、窗帘及装饰布。其中制成品有 4 个，半制成品有 2 个（牛仔布、窗帘及装饰布）。T 年份、$T+1$ 年份、$T+2$ 年份这 3 个年份均出现价格上涨的涉案产品有 *4* 个，分别是：男用内衣、聚酯预取向丝、聚酯短纤、合成纺织纱线。其中制成品与半制成品分别为 1 个和 3 个。表 4.3 中的涉案产品中属于制成品的共计 5 个：男士西服套装或西服式上衣、合成纤维毯产品、男用内衣、带织边窄幅织带、编织电热毯，涉及 15 个价格变动数据，其中有 12 个数据显示价格下降，价格下降的次数占到制成品数据总次数的 80%。而其余的 15 个涉案产品属于原材料和半制成品，涉及 45 个价格变动数据，其中 18 个数据显示价格下降，价格下降的次数仅占原材料与半制成品总次数的 40%。

总体上显示，反倾销对涉案产品中制成品出口价格的影响主要体现为价格下降，对原材料和半制成品出口价格影响主要表现为价格上升。

4.6　结论及政策建议

本章以我国遭受反倾销的 20 个涉案纺织品服装为例，就反倾销涉案企业的博弈心理和对中国纺织品服装反倾销的价格效应的具体情况进行了分析，对此总结如下：

（1）反倾销对我国涉案的纺织品服装出口价格的影响方向主要取决于主导性涉案企业博弈心理的状况。

（2）反倾销发生后涉案产品出口价格下降和上升的状况各占一半，这正与本章对涉案企业博弈心理的分析结果相匹配。但出口价格变动幅度总体上显现出价格下降的状况，平均下降幅度为 8.1%。其中对 $T+1$ 年份的涉案产品出口价格下降最多，$T+2$ 年份的出口价格下降最少。

（3）总体上，反倾销对涉案产品中制成品出口价格的影响主要体现为价格下降，对原材料和半制成品出口价格影响主要表现为价格上升。

（4）政府应重视中小纺织服装企业转型升级的平台建设。部分涉案企业选择降低出口价格的行为其实是一种饮鸩止渴的做法。这种博弈结果与我国有相当多的中小纺织服装出口企业的状况是密切相关的，这些中小企业没有足够的技术、资金等进行升级换代、提升附加值和实现市场多元化，因此无法做出提高价格的博弈选择，因此降低价格则成了这些中小企业的理性选择，否则损失会更大。这也正提醒我国纺织服装产业的发展除了企业自身的努力之外，还非常需要借助政府行为的支撑，这样才能在一定程度上改变涉案企业的博弈选择结果。比如，需要政府为这类企业提供积极的融资渠道，以及需要提供有效的技术转移平台以利于企业从高校等科研单位获取高水平的纺织技术。

4.7　本 章 小 结

反倾销已成为我国纺织品服装出口中面临的主要贸易壁垒，我国成为纺织品服装遭受反倾销最为严重的国家。本章以涉案企业的博弈心理作为中间的传导因素，选取了中国遭受反倾销的 20 个纺织品服装案件，分析了对华纺织品服装反倾销的价格效应，发现价格变动方向与涉案企业博弈心理的分析结果相匹配，得出了反倾销价格效应的若干结论并提出了政府应重视中小纺织服装企业转型升级的平台建设的观点。

中国在世界反倾销中角色地位
变化的社会网络分析

5.1 文献综述

概括地说，社会网络分析是对社会关系结构及其属性加以分析的一套规范和方法，它主要分析的是不同社会单位所构成的关系结构及其属性。社会网络分析作为一种相对独立的研究社会结构的方法，已发展成为一种具有专门的概念体系和测量工具的研究范式。在国际经济贸易领域，传统的计量研究主要是研究经济体两两间的贸易关系以及效应而基于社会网络分析的研究则致力于描述一组成员集合的网络结构特征，并考察经济体个体是否会受到网络结构的反制。

国际经济贸易关系到一个国家的可持续发展，20 世纪 90 年代以来，该领域的研究也越来越关注社会网络理论的运用，总体而言社会网络分析方法在国际经济贸易研究领域的运用较晚，也较少。如，劳赫（Rauch，1999）研究了跨国网络对国际贸易的促进；加拉斯凯利和洛弗雷多（Garlaschelli & Loffredo，2005）分析了国际贸易网络中的复杂网络及其属性；法吉奥洛等（Fagiolo et al.，2010）研究发现世界贸易关系中存在一个核心—边缘结构，同时一些国家间形成高度内敛化的子群。还有学者通过进出口数据构建了国际贸易现金流量网络（Jae et al.，2013）。

汪云林、李丁和付允（2007）在国内较早地将社会网络分析方法运用到国际经济贸易研究领域，他们主要研究了贸易网络的密度、中心度等指标；刘宝全等（2007）的研究也较早，但主要从集聚性、顶点度相关性角度对贸易网络的结构特征进行了分析；陈银飞（2011）采用社会网络分析方法研究了 2000～2009 年世界贸易格局及其在次贷危机前后的变化；张勤、李海勇（2012）使用该方法通过中心性指标、核心度指标等研究了中国入世 10 年来中国在国际贸易体系中的角色和地位的变化。

反倾销是国际经济贸易研究领域的一个重要研究内容，但将社会网络分析方法运用到反倾销研究领域的极其稀少，文献显示仅有万方、杨有孝（2013）对此进行了积极的尝试，运用社会网络分析方法研究了反倾销指向网络的一些现象，但该研究更多地偏向于对全球反倾销状况的解读和从贸易角度的解释；另外他们的研究是一种静态的分析，无法显示中国在世界反倾销中的动态变化。从 1995 年 WTO 成立以来，世界反倾销环境在不断变化，中国遭受反倾销的状况也是动态变化的，因此本章拟运用社会网络分析（social network analysis，SNA）方法对世界反倾销网络的结构进行测度，从动态变化的视角对中国在世界反倾销中的角色地位变化进行实证研究，从反倾销本身视角对实证结果进行解读。这对于清楚认识中国在世界反倾销中面临的真实环境、实现中国对外贸易可持续发展具有积极意义。

5.2　数据来源与处理

前文已述，本章拟运用社会网络分析（SNA）方法进行实证研究。研究过程需要大量的世界反倾销数据作为支撑，且需构建相应的多值邻接矩阵。

本章根据 WTO 统计的 1995～2016 年的世界反倾销数据，选取了 37 个 WTO 成员。在选取研究研究样本时，要求所有成员均发起过反倾销调查，且每个成员发起反倾销调查的总数不低于 5 起，最终确定了表 5.1 中的 37 个 WTO 成员。同时，对华反倾销的主要成员也全部包括在这 37 个成员内，正好也满足了本章对中国遭受反倾销的研究数据的需求。

表 5.1   被选为研究样本的 WTO 成员

序号	1	2	3	4	5	6	7	8	9	10
成员	印度	美国	欧盟	巴西	阿根廷	澳大利亚	南非	中国	加拿大	土耳其
序号	11	12	13	14	15	16	17	18	19	20
成员	韩国	墨西哥	印度尼西亚	巴基斯坦	埃及	秘鲁	哥伦比亚	马来西亚	泰国	新西兰
序号	21	22	23	24	25	26	27	28	29	30
成员	以色列	乌克兰	中国台湾	委内瑞拉	俄罗斯	智利	菲律宾	波兰	特立尼达和多巴哥	哥斯达黎加
序号	31	32	33	34	35	36	37			
成员	日本	乌拉圭	拉脱维亚	立陶宛	牙买加	摩洛哥	巴拿马			

为了分析中国在世界反倾销中角色地位的变化，需要将不同阶段的世界反倾销网络数据进行对比，因此将 1995～2013 年分成两个阶段，其中 1995～2004 年为第一个阶段，2005～2016 年为第二个阶段，整理了上述 37 个成员分阶段的发起反倾销调查和遭受反倾销调查的统计数据，分别构建了两个阶段的 37×37 的 1－模多值邻接矩阵。其中，矩阵中的行表示行成员对列成员发起的反倾销调查数量，矩阵的列表示列成员遭受行成员发起反倾销调查数量。本章使用 UCINET 软件为辅助进行研究。

5.3 反倾销网络实证分析

5.3.1 基于反倾销网络图的角色和地位分析

绘制网络图能将世界反倾销状况给予直观展现，因此本章首先利用构建的两个邻接矩阵分别绘制 1995～2004 年以及 2005～2016 年这两个阶段的反倾销网络图（见图 5.1、图 5.2）。图中连线的粗细与成员间的反倾销数量多少相对应，连线越粗表示两个成员间发生的反倾销数量越多，连线越细表示两个成员间发生的反倾销数量越少。图中的连线均带有箭头，箭头表示反倾销的方向性，箭头末端是遭受反倾销的成员，箭头起始端是发起反倾销的成员。

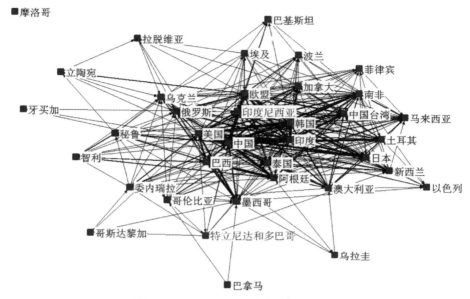

图 5.1　1995～2004 年世界反倾销网络

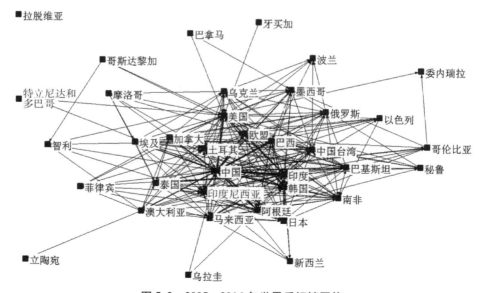

图 5.2　2005～2016 年世界反倾销网络

图5.1和图5.2分别为两个阶段的世界反倾销网络图。图5.1中摩洛哥在1995～2004年与其他成员间未发生任何反倾销案件；图5.2拉脱维亚在2005～2016年与其他成员间也未发生任何反倾销案件。

图5.1显示：在1995～2004年，中国、美国、印度尼西亚、欧盟、韩国、印度、泰国处于网络的中心，且连线均较粗，说明反倾销数量偏大；图5.2显示：在2005～2013年，中国、印度、欧盟、中国台湾、印度尼西亚、韩国、加拿大处于网络的中心，且连线均较粗，说明反倾销数量偏大。由于成员在该网络图中所处的位置会受到该成员发起反倾销和遭受反倾销的综合影响，并不仅仅反映遭受反倾销的影响，因此就反倾销的总体情况而言（包括对外发起和自身遭受），中国、印度、欧盟、印度尼西亚、韩国这几个成员在第一阶段和第二阶段均处于网络中心，而美国、泰国在第二阶段出现了偏离中心的状况，中国台湾、加拿大在第二阶段则向网络中心靠近。虽然网络图反映出的状况很直观，但较为粗略，故还需通过其他指标做更精细的分析。

5.3.2 反倾销网络的中心性指标分析

社会网络分析中，中心性是评价一个节点重要性、地位优越性和社会声望的结构位置指标，其中对个体的测度指标主要有点度中心度、中间中心度和特征向量中心度。为了便于不同阶段的横向比较，所有的中心性指标均采用标准化数值。标准化数值实际上是一种百分率，有效解决了不同阶段的绝对数值缺乏可比性的问题。1995～2004年以及2005～2016年两个阶段的反倾销网络的中心性指标见表5.2和表5.3，其中表5.2为两个阶段的点度中心度数据，表5.3为两个阶段的中间中心度和特征向量中心度数据。

表 5.2 反倾销网络中心性指标——点度中心度

点度中心度							
点出度（标准化）				点入度（标准化）			
1995~2004 年		2005~2016 年		1995~2004 年		2005~2016 年	
成员排序	数值	成员排序	数值	成员排序	数值	成员排序	数值
印度	10.965	印度	8.424	中国	15.022	中国	18.067
美国	9.978	巴西	5.194	韩国	7.566	韩国	4.268
欧盟	9.064	美国	4.765	美国	5.556	中国台湾	3.139
阿根廷	5.629	欧盟	3.659	中国台湾	5.300	美国	2.755
澳大利亚	4.167	阿根廷	3.162	日本	4.313	泰国	2.507
南非	3.728	中国	2.778	印度	3.947	印度	2.462
加拿大	3.216	澳大利亚	2.733	印度尼西亚	3.911	印度尼西亚	2.033
中国	2.997	土耳其	2.191	泰国	3.618	日本	2.010
巴西	2.851	巴基斯坦	1.942	俄罗斯	3.436	马来西亚	1.874
土耳其	2.851	印度尼西亚	1.491	巴西	2.924	欧盟	1.423

表 5.3 反倾销网络中心性指标——中间中心度和特征向量中心度

中间中心度（标准化）				特征向量中心度（标准化）			
1995~2004 年		2005~2016 年		1995~2004 年		2005~2016 年	
成员排序	数值	成员排序	数值	成员排序	数值	成员排序	数值
美国	15.005	美国	13.269	中国	71.961	中国	85.801
印度尼西亚	5.752	中国	10.602	印度	58.676	印度	59.386
韩国	5.283	巴西	10.567	美国	50.232	美国	40.940
墨西哥	4.985	印度	5.438	欧盟	44.113	巴西	39.915
巴西	4.373	阿根廷	4.838	韩国	36.256	欧盟	34.466
欧盟	4.159	韩国	3.859	阿根廷	27.435	阿根廷	28.338
印度	4.145	土耳其	3.834	中国台湾	25.324	土耳其	20.562
泰国	3.853	澳大利亚	3.747	日本	25.225	澳大利亚	16.250
中国	2.847	墨西哥	1.680	南非	23.636	加拿大	10.548
特立尼达和多巴哥	2.495	印度尼西亚	1.518	土耳其	21.771	南非	9.852

1. 点度中心度

在多值网络矩阵中,点度中心度能较直观地反映网络中某一节点与其他节点间发生关系的数量。在有方向性的网络中,每个节点的点度中心度又分为点出度和点入度。就本章的反倾销网络而言,点出度表示成员对外发起反倾销调查的次数,点入度表示成员遭受反倾销调查的次数。表5.2显示,在点出度方面:1995~2004年间印度、美国、欧盟、阿根廷发起了最多的反倾销调查,而2005~2016年间印度、巴西、美国、欧盟发起了最多的反倾销调查。在这两个阶段,印度牢牢占据了第一名的位置,美国和欧盟的排序虽有所差异,但一直排在前面,巴西在第一个阶段仅排在第九位,但第二个阶段却跳跃到第二位,反映出世界反倾销中对巴西的关注在加强。中国在第一个阶段的排名为第八位,第一个阶段的点出度与印度、美国、欧盟的指标存在较大差距,在第二个阶段虽仅上升到第六位,但中国点出度却有小幅度的下降,由2.847下降到2.778。且在第二阶段中国点出度与美国、欧盟的指标差距不大(与印度相比仍存在较大差距),表现出中国在第二个阶段通过对外反倾销保护自身利益的意愿和偏好与第一个阶段差别不大。在点入度方面:1995~2004年间中国、韩国、美国、中国台湾遭受了最多的反倾销调查,2005~2016年间中国、韩国、中国台湾、美国遭受了最多的反倾销调查。在两个阶段,这四个成员均排在最前面,而且中国牢牢占据了第一名的位置。中国在两个阶段的点入度均远高于后面的成员(1995~2004年,中国点入度为15.022,同期排第二位的韩国点入度仅为7.566,中国点入度是其2倍;2005~2016年,中国点入度为18.067,同期排第二位的韩国点入度仅为4.268,中国点入度是其4倍),而且中国点入度还由15.022继续上升到18.067(韩国点入度却由7.566下降到4.268),反映出世界对中国的反倾销存在明显加强的状况。

2. 中间中心度

中间中心度刻画的是一个节点控制网络中其他节点之间交往的能力,如果一个成员处于许多其他节点所对应的最短的路径上，则其中间中心度较高，可以通过控制或曲解信息的传递影响群体。

表 5.3 的数据显示，美国在反倾销网络中的中间中心度在 1995～2004 年以及 2005～2016 年均高居第一位，中间中心度分别为 15.005 和 13.269，特别在 1995～2004 年这个阶段美国的中间中心度远高于其他成员，表明美国控制其他成员之间反倾销关系的能力非常大，有较大的概率带动其他成员对美国反倾销行为进行模仿。

印度虽然发起了世界上最多的反倾销案件，同时也遭受到大量的反倾销，在 1995～2004 年以及 2005～2016 年的中间中心度排名仅分别为第七位和第四位，数值分别为 4.145 和 5.438，这表明印度虽然发起反倾销和遭受反倾销的总量虽然非常大，但印度控制其他成员之间反倾销关系的能力却偏小，其他成员对印度反倾销行为的模仿偏少。欧盟的中间中心度排名由第六位降到第十位之后了，数值降幅也较大，表明欧盟控制其他成员之间反倾销关系的能力在明显降低，其他成员对欧盟反倾销行为的模仿的概率也明显降低。中国的中间中心度排名由第九位上升到第二位，数值也由 2.847 上升到 10.602，涨幅明显且很大，表明中国控制其他成员之间反倾销关系的能力在明显加强，其他成员对中国反倾销行为的模仿的几率也明显增加。

3. 特征向量中心度

特征向量中心度是网络中某个节点重要性的度量。一个节点的特征向量中心度一般与其所连接的节点的点度中心度正相关。一般而言，特征向量中心度高的节点与其相连接的节点通常具有较高的连接强度，而特征向量中心度低的节点则相反。在反倾销网络中，特征向量中心度高的成员通常会更多地陷入频率较高的反倾销摩擦中。

表 5.3 的数据显示，中国在反倾销网络中的特征向量中心度在 1995～2004 年以及 2005～2016 年均高居第一位，特征向量中心度分别为 71.961 和 85.801，印度在这两个阶段均排在第二位，这表明中国、印度均陷入高频率的反倾销摩擦中，长期是世界反倾销网络的核心行动者或对象。由于中国的

特征向量中心度较多地高于印度的，因此中国陷入反倾销摩擦的程度明显更深。美国、欧盟在第二个阶段的特征向量中心度均有所下降，表明美国、欧盟陷入反倾销摩擦的程度存在降低的状况。

5.3.3 反倾销网络的核心—边缘结构分析

世界体系理论认为，整个世界是由核心地带、半边缘地带和边缘地带组成。社会网络分析方法也可对世界反倾销网络进行核心—边缘结构分析，研究反倾销网络是否存在核心地带、半边缘地带和边缘地带。该分析需要使用核心度（coreness）指标。1995~2004 年以及 2005~2016 年两个阶段各个成员的核心度指标见表 5.4。若核心度 >0.1，则该成员归于核心地带；若 0.01 ≤ 核心度 ≤0.1，则该成员归于半核心地带；若核心度 <0.01，则该成员归于边缘地带。核心度数据显示，在 1995~2004 年世界反倾销网络中存在核心—半边缘—边缘结构，其中处于核心地带的成员有 13 个，处于半核心地带的成员有 15 个，处于边缘地带的成员有 9 个；而在 2005~2016 年世界反倾销网络虽也存在核心—半边缘—边缘结构，但各类成员数量有所变化，分别为 7 个、20 个和 10 个。核心地带成员由 13 个锐减到 7 个，而半边缘地带和边缘地带成员均有所增加，说明随着时间的推移，世界反倾销存在向少数成员集中的倾向，更多的成员有向反倾销外围发展的趋势。

表 5.4　　　　　　　　　　　反倾销网络核心度

1995~2004 年		2005~2016 年	
成员排序	数值	成员排序	数值
中国	0.574	中国	0.811
印度	0.449	印度	0.317
美国	0.385	美国	0.249
欧盟	0.297	欧盟	0.207

续表

1995～2004 年		2005～2016 年	
成员排序	数值	成员排序	数值
韩国	0.239	巴西	0.191
南非	0.144	阿根廷	0.136
阿根廷	0.143	韩国	0.115
日本	0.140	土耳其	0.100
中国台湾	0.129	中国台湾	0.081
巴西	0.123	泰国	0.077

表 5.4 数据显示：在第一个阶段排前 10 位的成员，除了中国和巴西的核心度上升之外，其余 8 个成员的核心度均下降了。中国的核心度在两个阶段均排在第一位，处于世界反倾销的核心地带，而且核心度有较大幅度的明显上升，从 0.574 上升到 0.811。巴西则是小幅上升，由 0.123 上升到 0.191。第一个阶段存于核心地带的成员中仅有 4 个成员（中国、印度、美国、欧盟）在第二个阶段还维持在核心地带，其余 6 个成员均退出了核心地带。这反映出中国不仅仍维持在世界反倾销的核心地带，而且核心程度在增强，但这种核心程度的增强更多地是由我国遭受大量的反倾销所致。

5.3.4　基于块模型的角色地位分析

在世界反倾销网络中，块模型可以测度一个或多个成员在多大程度上扮演相同角色或发挥相同的功能，实际上也就是分析网络中是否存在小群体以及小群体的组成。所谓小群体，一般指相对稳定、人数不多、有共同目标、相互接触较多的联合体。本章运用 UCINENT 软件的迭代相关收敛（convergent correlation，缩写为 CONCOR）法对两个阶段的世界反倾销网络进行分析，各分区结果见表 5.5 和表 5.6。

表 5.5   1995～2004 年世界反倾销网络分区结果

分区	名称	成员
1 区	发起反倾销群体	印度、美国、以色列、墨西哥、阿根廷、委内瑞拉、南非、秘鲁、加拿大、土耳其
2 区	其他群体 1	特立尼达和多巴哥、哥伦比亚、牙买加、菲律宾、澳大利亚、新西兰、欧盟
3 区	拉美	乌拉圭、巴西、智利
4 区	拉美	巴拿马、哥斯达黎加
5 区	遭受反倾销群体 1	日本、中国台湾、俄罗斯、波兰、中国、乌克兰
6 区	遭受反倾销群体 2	韩国、马来西亚、泰国、印度尼西亚
7 区	其他群体 2	埃及、巴基斯坦、立陶宛、拉脱维亚
8 区	其他群体 3	摩洛哥

表 5.6   2005～2016 年世界反倾销网络分区结果

分区	特征	成员
1 区	发起反倾销群体	印度、美国、欧盟、巴西、阿根廷、澳大利亚、南非、哥伦比亚、加拿大、土耳其、特立尼达和多巴哥、墨西哥、埃及、巴基斯坦、乌拉圭、秘鲁、摩洛哥、新西兰
2 区	其他群体 1	印度尼西亚、以色列、俄罗斯、乌克兰
3 区	拉美群体 1	智利
4 区	拉美群体 2	牙买加、巴拿马、哥斯达黎加
5 区	遭受反倾销群体	马来西亚、泰国、韩国、中国台湾、日本、中国
6 区	其他群体 2	菲律宾、立陶宛
7 区	其他群体 3	波兰、委内瑞拉
8 区	其他群体 4	拉脱维亚

1. 世界反倾销网络分区

我们发现，1995～2004 年和 2005～2016 年世界反倾销网络均被分成 8 个区。两个阶段的 1 区中的成员以对外发起反倾销调查为主，自身遭受到的反倾销调查相对较少，因此被归入"发起反倾销群体"。1995～2004 年的 1 区共计 10 个成员，2005～2016 年的 1 区共计 18 个成员，"发起反倾销群体"的成员数量大量增加。其中第一阶段中有 8 个成员较稳定，仍然维持在第二阶段的该群体中，它们是：印度、美国、墨西哥、阿根廷、南非、秘鲁、加拿大、土耳其。这表明：发起反倾销调查为主的成员范围更加广泛，越来越多的成员倾向于通过反倾销手段来维护自身利益，而且该群体核心力量较稳定。

再关注 1995～2004 年的 5 区和 6 区（分别命名为"遭受反倾销群体 1"和"遭受反倾销群体 2"）和 2005～2016 年的 5 区，这些分区的成员以遭受反倾销为主，对外发起反倾销相对偏少，因此归入"遭受反倾销群体"。第一个阶段的该群体共计 10 个成员，第二个阶段锐减到 6 个成员，但是中国和日本在两个阶段均属于该群体。这表明：在世界反倾销网络中，被动地接受反倾销的成员在锐减，更多的成员在遭受反倾销的同时也在对外进行反倾销；中国、日本、韩国、泰国、中国台湾这 5 个成员长期以来遭受到的反倾销远大于自己发起的反倾销，更多地倾向于被动地接受来自境外的反倾销。

2. 世界反倾销网络的交互性与自反性

为了做进一步的分析，我们列出了世界反倾销网络的密度矩阵（见表 5.7 和表 5.8）。1995～2004 年和 2005～2016 年世界反倾销网络的整体密度值分别为 1.5015 和 1.6554，将这两个阶段的整体密度值分别与各自阶段的密度矩阵中的密度值进行比较，若密度矩阵中某单元格密度值大于整体密度值，则表明该单元格所关联的两个分区存在较强的交互性，反之则表明存在较弱的交互性。例如：表 5.7 中，1 区对 5 区交叉的单元格密度为 8.733，远大于整体密度值 1.5015，这表明 1 区向 5 区发起反倾销频率高，而 5 区对 1 区交叉的单元格密度仅为 0.333，远小于整体密度值，这表明 5 区向 1 区发起反倾销的频率低，5 区更多的是遭受来自 1 区的反倾销。同一个分区之间也有交叉的单元格，若该单元格密度值大于整体密度值，则表明该分区存在显著的自反性。例如：表 5.7 中，1 区与 1 区交叉的单元格密度值为 2.911，表明 1

区内部的成员之间相互进行反倾销的行为比较显著。为了容易辨认，本章特将表5.7和表5.8中密度值高于整体密度值的单元格涂为灰色。

表 5.7　　　　　　　　　1995～2004 年世界反倾销网络的密度矩阵

	1 区	2 区	3 区	4 区	5 区	6 区	7 区	8 区
1 区	2.911	0.857	3.000	0.000	8.733	5.100	0.250	0.000
2 区	1.186	0.190	0.286	0.071	4.071	5.821	0.643	0.000
3 区	1.333	0.381	1.500	0.000	1.667	0.833	0.000	0.000
4 区	0.250	0.071	0.000	0.000	0.000	0.000	0.000	0.000
5 区	0.333	0.119	0.000	0.000	1.267	1.375	0.000	0.000
6 区	0.875	0.357	0.000	0.000	2.792	4.167	0.063	0.000
7 区	0.075	0.143	0.083	0.000	0.667	0.438	0.583	0.000
8 区	0.000	0.000	0.000	0.000	0.000	0.000	0.000	0.000

表 5.8　　　　　　　　　2005～2016 年世界反倾销网络的密度矩阵

	1 区	2 区	3 区	4 区	5 区	6 区	7 区	8 区
1 区	1.402	2.042	0.444	0.000	10.519	0.278	0.222	0.000
2 区	0.375	2.083	0.000	0.000	3.625	0.000	0.500	0.000
3 区	0.667	0.000	0.000	0.000	0.167	0.000	0.000	0.000
4 区	0.111	0.000	0.667	0.000	0.000	0.000	0.000	0.000
5 区	0.815	1.000	0.000	0.000	6.200	0.083	0.083	0.000
6 区	0.028	0.125	0.000	0.000	0.083	0.000	0.000	0.000
7 区	0.000	0.000	0.000	0.000	0.000	0.000	0.000	0.000
8 区	0.000	0.000	0.000	0.000	0.000	0.000	0.000	0.000

　　1995～2004 年间，1 区成员与 3 区、5 区和 6 区的成员间存在较强的交互性，即 1 区成员对 3 区、5 区和 6 区成员发起了较多和较高频率的反倾销调查；5 区和 6 区的成员遭受到多个群体较高频率的反倾销调查；1 区成员之间以及 6 区成员之间分别存在显著的自反性，即 1 区成员内部和 6 区成员内部

分别存在比较显著的相互发起反倾销调查的行为。

2005～2016 年间，1 区成员与 2 区和 5 区的成员间存在较强的交互性，即 1 区成员对 2 区和 5 区成员发起了较多和较高频率的反倾销调查；5 区的成员遭受到多个群体（1 区和 3 区）较高频率的反倾销调查；同时，5 区成员存在显著的自反性，即 5 区内部的成员内部存在比较显著的相互发起反倾销调查的行为。

数据显示，随着时间的推移，具有交互性或自反性的群体数量存在减少的状况，反倾销发生在更为集中的少数群体之间的状况明显。5 区（该区是遭受反倾销群体）在第一个阶段中自反性不显著，在第二个阶段中自反性很显著，该区在交互性上体现出来的特征主要是遭受到多个群体较高频率的反倾销调查。中国在两个阶段均是 5 区的成员，表明中国的交互性长期以来一直表现为遭受"发起反倾销群体"较高频率的反倾销调查。

5.4　主要结论与政策建议

5.4.1　主要结论

本章运用社会网络分析方法，以 1995～2004 年和 2005～2016 年两个阶段的世界反倾销网络为研究对象，构建了两个 37×37 的 1－模多值邻接矩阵，从网络图、中心性、核心—边缘结构、块模型等几个方面对世界反倾销的网络结构进行了剖析，其中重点关注了中国在世界反倾销网络中的角色地位的变动状况，得出如下结论：

（1）总体上，世界反倾销网络是一种非均衡的网络，虽然在 1995～2004 年和 2005～2016 年两个不同阶段的世界反倾销网络在部分结构上具有稳定性，但不同阶段的网络结构存在较为明显的差异和变动。

（2）中心性指标分析。①点度中心度数据表明：中国通过对外反倾销保护自身利益的意愿和偏好在加强，同时世界对中国的反倾销也明显加强。

②中间中心度数据表明：长期以来，美国控制其他成员之间反倾销关系的能力非常大，有很大几率带动其他成员对美国反倾销行为进行模仿；印度虽然发起反倾销和遭受反倾销的总量虽然非常大，但印度控制其他成员之间反倾销关系的能力偏小，其他成员对印度的模仿偏少；欧盟控制其他成员之间反倾销关系的能力在明显降低，其他成员对欧盟的模仿的几率也明显降低；而中国控制其他成员之间反倾销关系的能力明显加强，其他成员对中国的模仿几率明显增加。③特征向量中心度数据表明：中国、印度均陷入高频率的反倾销摩擦中，长期是世界反倾销网络的核心行动者或对象，且中国陷入反倾销摩擦的程度明显更深；美国、欧盟陷入反倾销摩擦的程度在降低。

（3）核心—边缘结构分析显示：在世界反倾销存在向少数成员集中的倾向，更多的成员有向反倾销的外围转移的趋势；长期以来，中国、印度、美国、欧盟维持在核心地带。

（4）块模型分析。①分区数据表明：世界反倾销网络的群体划分明显，1995～2004 年和 2005～2016 年均被分成 8 个群体，越来越多的成员倾向于通过反倾销手段来维护自身利益，被动地接受反倾销的成员在锐减；中国和日本在两个阶段均属于"遭受反倾销群体"，长期以来中国、日本遭受到的反倾销远大于自己发起的反倾销，更多地倾向于被动地接受来自国外的反倾销。②交互性与自反性数据显示：具有交互性或自反性的群体数量存在减少的状况，反倾销发生在更为集中的少数群体之间的状况更明显；长期以来，中国所处群体的自反性均不显著，故中国的交互性一直表现为遭受"发起反倾销群体"较高频率的反倾销调查。

5.4.2　政策建议

中国在世界反倾销网络中的角色地位有一定改善，但仍然形势严峻和充满危机。中国处于世界反倾销网络的核心地带，在中国核心度不断增加的趋势下，中国面临的严峻形势和危机将会继续增加且具有长期性，因此为了维护我国对外贸易的合法利益，增强产业安全，实现对外贸易的可持续发展，基于上述研究结论，针对中国提出如下政策建议：

（1）高度关注美国的反倾销动向，预防美国反倾销导致的模仿行动。中间中心度数据分析结果显示，长期以来美国有很大的概率带动其他成员对美国反倾销行为进行模仿，而其他成员对欧盟反倾销行为的模仿概率却在明显降低，同时其他成员对印度反倾销行为的模仿偏少，因此在世界反倾销中，中国应该高度关注美国的反倾销动向，未雨绸缪，对可能接踵而来的反倾销模仿提前做好预防。

（2）积极参加区域性多边经济合作。一方面可以减少对欧美市场、印度市场等的依赖和出口集中度，减弱这些成员反倾销对中国对外贸易发展的制约；另一方面可能有效减小其他成员对中国发起反倾销调查的概率。有学者认为北美贸易协定中的争端解决机制由于明显减少肯定性裁决比例（Jones，2000），从而能在一定程度上抑制提起反倾销调查的欲望，但是也有学者认为WTO的自由贸易制度会对国内产业形成压力，促使国内的企业寻求有效的保护（Aggarwal，2004），因此WTO成立导致反倾销在全世界蔓延。我们认为这种情况可能是由于WTO这种全球性经济合作框架下的争端解决机制有效性偏低，而区域性多边经济合作下的争端解决机制的有效性更高导致的，因此积极参加区域性多边经济合作可能比参加全球性的多边经济合作对反倾销的抑制效果会更佳。

（3）采用适度的连带式反倾销，提高中国的反倾销报复效果。部分成员在发起的反倾销时并非只针对某一单个成员的涉案产品，而是同时针对多个成员的相同或相似涉案产品进行连带式反倾销，这种做法能在一定程度上消除反倾销带来的贸易转移效应，使反倾销的实际效果更佳。中国之所以遭受到的反倾销远远大于自身发起的反倾销，其中一个原因就是由于对方成员存在较明显的贸易转移效应，中国发起反倾销起到的报复效应较弱，从而无法对其他成员起到足够的威慑作用。因此中国不应局限与双边性的反倾销报复，应当采用适度的连带式反倾销，提高中国的反倾销报复效果和威慑作用。

（4）高度重视与重要成员间双边贸易的均衡发展和出口产品微观因素。块模型分析结果显示，中国在两个阶段均属于"遭受反倾销群体"，而"发起反倾销群体"中的一些重要成员（如美国、欧盟、印度等）长期都是中国主要的贸易伙伴，与中国有大量的双边贸易。虽然反倾销问题与经济、政治等多个领域存在关联，但它首先是贸易领域的突出问题，许多研究都显示贸易状况与反倾销之间存在较强的关联，如有国外学者认为美国对中国反倾销与中国经济持续增长形成的巨额贸易赤字高度相关（James，2000）；谢建国（2006）也发现美国对华贸易逆差显著提高了美国对华的反倾销调查频率。若"发起反倾销群体"中的这些重要成员能逐渐减少对中国的反倾销，那么中国遭受反倾销的严峻状况就会得到明显的有效缓减和改善。为此，我国应以上述这些重要成员为主要对象，以双边进出口基本平衡为目标，一方面鼓励国内企业增加能源、原材料、先进技术和设备的进口，另一方面要逐渐减少附加值低的产品出口，增加附加值高的产品的出口。

另外，本章由于研究对象的限制未涉及具体涉案产品的微观网络，但任何一起反倾销案件的提出归根结底都是基于涉案产品的价格、市场情况等微观因素，因此在关注反倾销的宏观状况和宏观因素的同时，也要高度重视出口产品的微观因素。

5.5 本章小结

本章以世界反倾销最主要的 37 个成员的反倾销调查数据为基础，将 1995～2016 年分成两个阶段，分别构建了两个阶段的 37×37 的邻接矩阵，采用社会网络分析方法对比分析了中国在世界反倾销中角色地位的变化。研究表明，各成员对中国的反倾销明显加强，但中国通过反倾销保护自身利益的偏好也在加强；中国控制其他成员间反倾销关系的能力明显加强，同时其他成员对美国反倾销行为的模仿几率很大，但对欧盟的模仿概率明显降低；中国陷入反倾销摩擦的程度比印度更深；世界反倾销有向少数成员集中的倾向，并且中国维持在核心地带；长期以来，中国倾向于被动接受国外的反倾销，且中国所处群体的自反性不显著。为实现我国对外贸易的可持续发展，本章从经济合作、贸易均衡等方面提出了政策建议。

基于反倾销与产业升级协同演化的
中国产业安全的逻辑和路径分析

6.1 文献综述

反倾销问题早已引起国内外学者的高度关注，其中反倾销的经济效应是重点研究内容之一，且在该领域的研究成果丰富。反倾销经济效应的研究内容涉及面较为广泛，其中对价格和贸易影响的研究最多。绝大多数研究发现反倾销对价格产生影响（Helpman & Krugman，1989；Konings & Vandenbussche，2001；朱钟棣、鲍晓华，2004；刘玲、岳咬兴等，2010），但是也有例外，如艾斯克（Asche，2001）发现美国对挪威三文鱼反倾销并没有对价格产生直接影响。大量的学者都证实了反倾销的贸易限制或贸易转移效应（Staiger & Wolak，1994；Prusa，2001；冯宗宪、向洪金，2010）。有学者还发现反倾销具有综合效应和长期效应，即寒蝉效应（Vandenbussche & Zanardi，2010），杨仕辉、魏守道（2011）则专门通过寒蝉效应模型分析了反倾销对中国出口贸易的影响。反倾销对相关国家的产业结构、就业水平、投资区位、市场供求、社会福利等方面的研究虽然较少，但也有部分学者涉猎（Gallaway et al.，1999；鲍晓华，2007；巫强、姚志敏、马野青，2014）。现有研究结果基本上都普遍认同反倾销会导致出口国受到负面影响，主要是对出口国的对外贸易乃至于产业安全产生负面影响。

由于中国是世界反倾销最大受害国，因此反倾销的影响因素也是研究重点。与本章研究主题相关的影响因素主要是产业升级、技术进步。对于产业升级、技术进步方面的影响因素的研究，长期以来主要是采用理论分析，普遍认为中国低附加值的劳动密集型产品大量出口是导致中国遭受反倾销的主要因素，因此普遍认为中国要通过相关产业的技术创新和出口产品升级，提高产品的技术含量，实现从低端产品生产向高技术、高附加价值产品生产转型，最终从被动应对国外反倾销发展到主动规避国外反倾销（彭羽，2009；刘爱东、罗文兵，2014）。但是，张雨、戴翔（2013）通过实证研究发现中国出口产品升级不仅未能有效缓解中国遭受的反倾销，反而使之加剧，同时认为不能将中国出口产品遭受反倾销简单归咎于附加值过低，以免造成政策偏差。这一实证结果与以前普遍的理论分析结果相反，前文提到的光伏产品反倾销案件也印证了这一结论。光伏产业是中国为数不多的走在世界前列的行业，多项技术取得突破，光电转换效率已达到18%，居世界先进水平，但是即便这样一个高技术含量颇高的产业在反倾销面前也无法幸免。

已有的文献对反倾销领域的研究做出了重要的贡献，提供了各种启示和借鉴，但是对于下列领域的研究仍非常缺乏：（1）反倾销与产业升级之间的双向互动影响、协同演化状况。已有的文献仅进行了单向研究，即研究反倾销对产业升级的影响，或者研究产业升级对反倾销的影响。（2）反倾销与产业升级的协同演化对产业安全的影响。

本章拟构建"反倾销与产业升级协同演化—产业安全"的逻辑模型和路径模型，并对我国产业安全水平提升的思路进行研究，以期能更有效地维护我国的产业安全和获取合法的贸易利益。

6.2 "反倾销与产业升级协同演化—产业安全"逻辑模型

国内学者对产业安全有不同的定义和观点，其中李孟刚（2006）提出的观点得到了较为广泛的认同，他描述了产业安全的内涵：产业安全是指特定行为体自主产业的生存和发展不受威胁，或虽受威胁但能够化解的状态。具体而言，产业安全应包括"产业生存安全"和"产业发展安全"。产业生存安全是指产业生存不受威胁的状态，产业生存安全最基本的条件是要占有一定的市场、达到一定的利润率。产业发展安全是指产业发展不受威胁的状态，产业发展的根本在于技术创新或技术进步。

国外对华反倾销常常会导致我国海外市场萎缩、利润率下降，因此"产业生存安全"受到来自反倾销的危害；通过技术进步导致的产业升级会使我国产品更具竞争力，因此"产业发展安全"则会受到来自产业升级的促进。但是，反倾销与产业升级之间不是隔绝的，两者之间存在协同演化，并且更为复杂的是它们之间的协同演化不是线性的，而是相互交织和纠缠的。

协同演化（co-evolution）是指两个或两个以上的具有演化特征的系统主体持续地互动与演变，其演化行为相互影响，演化路径互相交织的现象。协同演化最早由生态学家埃尔利希（Ehrlich）和雷文（Raven）提出来的，主要表示物种在一定程度上会相互影响并演化。后来诺加德（Norgaard）将协同演化术语运用到社会学、生态经济学等研究领域。反倾销和产业升级之间持续地互动与演变，演化路径相互交织，这种协同演化又最终影响到产业安全的状况。基于上述分析，本章首先构建分析模型的第一部分：逻辑模型，即"反倾销与产业升级协同演化—产业安全"逻辑模型（见图6.1），并对逻辑模型中的运行机制进行诠释。

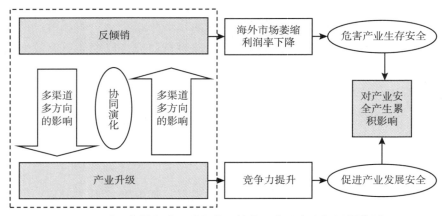

图6.1 "反倾销与产业升级协同演化—产业安全"逻辑模型

资料来源：作者整理。

逻辑模型的框架分为两大部分：内部框架和外部框架。内部框架为反倾销与产业升级协同演化框架，外部框架为协同演化与产业安全之间的框架。

6.2.1 内部框架运行机制

1. 反倾销对产业升级的影响机制

反倾销对产业升级的促进作用和抑制作用均可能存在。在反倾销与产业升级协同演化过程中，当我国产业遭受国外反倾销时，一些涉案企业为避免低价格导致的反倾销指控，可能会考虑采用提高价格的策略，但是单纯的提高结果会失去市场，因此较为合理的策略则是通过技术进步的途径使自己的产品具有更高的技术含量，同时提高产品价格。这样反倾销就逐渐促进了产业升级。齐俊妍、孙倩（2014）的研究结果也与此一致，他们通过实证方法研究发现国外对华反倾销能促进我国的产业升级和技术进步。另外，涉案企业若倾向于采用裁员、调整出口市场等措施则会在一定程度上降低企业对产业升级的依赖。奚俊芳、陈波（2014）的实证研究结果显示了这种情况的存在，他们发现对华反倾销在短期内会导致技术进步下降，长期看则对技术进步无显著影响。

2. 产业升级对反倾销的影响机制

产业升级对反倾销的抑制作用与激发作用均可能存在。高技术产品的价格一般较高，因此高技术产品能在一定程度上规避他国对中国产品的低价控诉，从而规避国外反倾销，因此，产业升级能在一定程度上对反倾销产生抑制作用。另外，中国在技术进步导致的产业升级过程中，一旦与发达国家形成竞争关系，就容易激发国外反倾销。

6.2.2 外部框架运行机制

在内部框架中的反倾销与产业升级协同演化的同时，协同演化对外会有影响效应的输出。

1. 反倾销影响效应的输出

我国产业遭受反倾销后，反倾销的各种经济效应会逐渐凸显出来，进而对产业安全产生影响。前文提到的大蒜、蘑菇罐头反倾销均导致我国对反倾销发起国的出口额下降超过90%，海外市场急剧萎缩。周灏（2015）针对我国纺织品服装遭受反倾销的价格效应进行了研究，发现出口价格总体上显现出价格下降的状况，平均下降幅度为8.1%，且发现反倾销的价格抑制作用具有长期性。这与许多学者的研究结果类似，研究结果常常都显示反倾销对价格具有抑制作用。反倾销对价格抑制作用会导致我国出口产品的合法利润被盘剥，利润被进一步压榨，导致涉案产业的利润率下降。可见，国外对华反倾销常常会导致我国的海外市场和利润均会受到严重负向影响，也即导致我国海外市场萎缩、利润率下降，从而危害"产业生存安全"。

2. 产业升级影响效应的输出

产业安全问题归根到底是产业竞争力问题，任何产业只要有国际竞争，一定会有安全的威胁。产业升级会使我国产品更具竞争力，而且产业竞争力与产业安全是相关的。产业升级主要通过技术进步来实现，产业升级带来的竞争力的提升一般会使产业发展受到的威胁更小，带来正向影响，因此产业升级会促进"产业发展安全"。

很明显，针对产业安全而言，反倾销输出的是负向影响效应，产业升级输出的是正向影响效应。由于这两者对产业安全的影响方向不一致，因此反倾销与产业升级对一国产业安全的影响取决于反倾销、产业升级共同对产业安全产生的累积影响。

3. 反倾销、产业升级对产业安全的累积影响分析

本章研究认为，产业生存安全优先于产业发展安全，一个产业必须先要有生存，然后才能有发展，一旦产业生存安全受到危害，无论产业发展状况如何，都会导致整个产业安全水平降低，导致整个产业安全受到危害。反倾销决定了产业生存安全的状况，因此，反倾销、产业升级对产业安全的累积

影响主要取决于反倾销的情况。若在初始时期 T_0 出现反倾销，则 T_0 中的产业安全被危害，产业安全水平降低。在后续时期 T_1，即便反倾销促进了产业升级，此时产业升级对产业安全的促进并不能抵消反倾销对产业安全的危害。只有在后续时期 T_2 中出现了产业升级抑制了反倾销的情形时，产业安全水平才能增加。

在初始时期 T_0 出现反倾销，后续时期 T_1 和 T_2 中呈现出反倾销与产业升级的协同演化，且最终要回归到考察反倾销的状况，故此处仅研究后续时期 T_1 和 T_2 的状况：（1）考察产业升级被促进、被抑制（或停滞）的情况下对产业发展安全的影响；（2）考察随后反倾销状况的相应变动，以及反倾销变动状况对应产业生存安全的影响。本章结合前面关于内部框架运行机制的分析，针对产业安全的累积影响总结出下面三种情形（见表 6.1）。

表 6.1　　　　　　　　　反倾销、产业升级对产业安全的累积影响

情形分类	产业升级→产业发展安全	反倾销→产业生存安全	对产业安全的累积影响（T_1 和 T_2 时期）
情形一	产业升级↑→产业发展安全↑	反倾销↓→产业生存安全↑	产业安全↑
情形二	产业升级↑→产业发展安全↑	反倾销↑→产业生存安全↓	产业安全↓
情形三	产业升级↓或停滞→产业发展安全不变	继续遭受反倾销→产业生存安全↓	产业安全↓

注 1. 为了表述直观和简介，表中使用了↑和↓两种符号，对产业升级而言分别代表被促进和被抑制；对反倾销而言分别代表被激发和被抑制；对产业发展安全、产业生存安全、产业安全的累积影响而言均分别代表促进和危害，也即代表产业发展安全水平、产业生存水平、产业安全水平的提升和降低。

2. 产业升级↓所代表的产业升级被抑制并非指技术水平出现后退，而是指维持在现有技术水平。在产业发展过程中，技术水平出现倒退的情况是极其罕见的，产业升级被抑制时该产业的技术研发等投入会被抑制，导致该产业的技术水平不会进步，从而维持在现有技术水平。

6.3　"反倾销与产业升级协同演化—产业安全"路径模型

在逻辑模型的基础之上，这里构建了分析模型的另外一部分：路径模型，

即"反倾销与产业升级协同演化—产业安全"路径模型（见图 6.2）。该路径模型在纵向上以时间为序分为初始时期 T_0、后续时期 T_1、后续时期 T_2。在横向上，以前文逻辑模型中的分析为基础，将反倾销威胁下产业安全的最终结果归纳为图中的 4 种，分别为结果 1 至结果 4，其中结果 1 为促进产业安全，而结果 2、结果 3 和结果 4 均为危害产业安全。这 4 种结果分别对应 4 种不同的路径。

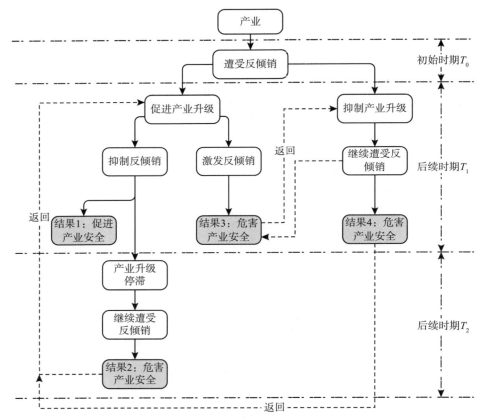

图 6.2 "反倾销与产业升级协同演化—产业安全"路径模型

资料来源：作者整理得到。

1. 路径 1

路径 1 与结果 1 对应。在 T_0 时期，我国某产业遭受反倾销，根据博弈分析的结果，涉案企业可能会通过技术进步的途径使自己的产品具有更高的技术含量、更高的附加值，以此来提高产品价格并维系出口市场。在 T_1 时期，反倾销迫使企业重视技术进步，促进了产业升级。产业升级以后的产品技术含量、附加价值均提高，能在一定程度上规避国外反倾销，从而抑制了反倾销。一方面，产业升级水平被促进，产业升级影响效应的输出会增强，提升了产业发展安全水平；另一方面，反倾销被抑制，反倾销影响效应的输出会减弱，提升了产业生存安全水平。总之，路径1在 T_1 时期的状况属于表6.1中的"情形一"，最终的结果是促进产业安全。

2. 路径2

路径2与结果2对应。在 T_0 时期，我国某产业遭受反倾销。在 T_1 时期，反倾销迫使企业重视技术进步，促进了产业升级。产业升级又在一定程度上规避国外反倾销，从而抑制了反倾销。在 T_2 时期，反倾销被抑制后，随着时间的推移，涉案企业对产业升级的主动性和欲望会逐渐降低，从而导致产业升级停滞，进而导致反倾销再次出现或增加，使涉案企业继续遭受反倾销。一方面，产业升级停滞，产业升级影响效应的输出就不会增加，产业发展安全水平维持不变；另一方面，反倾销继续发生，反倾销影响效应的输出就继续存在，降低了产业生存安全水平。总之，路径2在 T_2 时期的状况属于表6.1中的"情形三"，最终的结果是危害产业安全。

需要指出，当出现这种结果后，涉案企业为了减少受到的损害，可能会选择通过产业升级来趋利避害，即返回图中的"促进产业升级"这个环节，从而进入下一轮协同演化，但能否实现促进产业安全的结果，则要取决于该轮协同演化中产业升级能否抑制反倾销。

3. 路径3

路径3与结果3对应。在 T_0 时期，我国某产业遭受反倾销。在 T_1 时期，反倾销迫使企业重视技术进步，促进了产业升级。产业升级后与国外形成竞争关系，激发了国外反倾销。一方面，产业升级水平被促进，产业升级影响效应的输出会增强，提升了产业发展安全水平；另一方面，反倾销被激发，反倾销影响效应的输出会增强，降低了产业生存安全水平。总之，路径 3 在 T_1 时期的状况属于表 6.1 中的"情形二"，最终的结果是危害产业安全。

需要指出，当出现这种结果后，涉案企业发现产业升级并不能有效抑制反倾销，反而还需要为产业升级付出各种费用。涉案企业为了减少费用和成本，就会选择终止产业升级，即返回到"抑制产业升级"这种状况，此时会继续遭受国外的反倾销，从而再次出现结果 3：危害产业安全。

4. 路径 4

路径 4 与结果 4 对应。在 T_0 时期，我国某产业遭受反倾销。在 T_1 时期，涉案企业选择产业不升级，出现了抑制产业升级的这种状况。这虽然能避免付出技术创新方面的各种费用和成本，但会继续遭受反倾销。一方面，产业不升级，产业升级影响效应的输出就停滞，产业发展安全水平维持不变；另一方面，反倾销继续发生，反倾销影响效应的输出则继续存在，降低了产业生存安全水平。总之，路径 4 在 T_1 时期的状况属于表 6.1 中的"情形三"，最终的结果是危害产业安全。

需要指出，当出现这种结果后，涉案企业若发现贸易利益的损害过大，为了减少受到的损害，可能会进行调整，选择产业升级来趋利避害，即返回图中的"促进产业升级"这个环节，从而进入下一轮协同演化，但能否实现促进产业安全的结果，则要取决于该轮协同演化中产业升级能否抑制反倾销。

6.4　产业安全水平提升的结论和策略

6.4.1　结论

根据上述分析模型（包含逻辑模型和路径模型）所揭示的内容，总结如下：

（1）倾销与产业升级协同演化的同时，反倾销和产业升级对产业安全有影响效应的输出，反倾销输出的是负向影响效应，产业升级输出的是正向影响效应。

（2）反倾销决定了产业生存安全的状况，产业升级决定了产业发展安全的状况，但产业生存安全优先于产业发展安全，因此，反倾销、产业升级对产业安全的累积影响主要取决于反倾销的情况。

（3）反倾销与产业升级的协同演化较为复杂，且协同演化的状况对产业安全的结果产生很大影响，导致存在4种不同影响路径以及不同的影响结果，其中只有路径1能起到产业安全水平提升的作用。

（4）路径2和路径4存在演变到路径1的可能，从而实现产业安全的提升。路径2和路径4出现危害产业安全的结果后，涉案企业为了减少受到的损害会再次进行博弈，可能会选择产业升级来趋利避害，从而进入下一轮协同演化，但能否实现产业安全水平的提升，则要取决于该轮协同演化能否进入路径1。

（5）路径3不存在演变到路径1的可能，无法实现产业安全的提升。路径3出现危害产业安全的结果后，由于该涉案产业的特点导致其无法过渡到"抑制反倾销"的环节，从而无法通过新一轮的协同演化进入路径1去实现产业安全水平的提升。

6.4.2 策略

通过本章的研究，期望能对我国的相关产业起到趋利避害的作用。对于反倾销威胁下的产业安全水平的提升，提出如下策略思路：

（1）总体思路为：促进产业升级→抑制反倾销→促进产业安全。反倾销威胁下，我国要提升相关产业的产业安全水平、促进产业安全的路径只有路径1（其余3个路径均为危害产业安全），而要实现路径1中的促进产业安全的结果，关键在于要抑制反倾销。且由于反倾销与产业升级存在相互影响的情况，从而导致抑制反倾销的关键在于"促进产业升级"。这样，产业安全水平提升总体思路可概括为：促进产业升级→抑制反倾销→促进产业安全。

（2）充分考虑反倾销与产业升级的协同演化复杂性，避免陷入"激发反倾销"的环节。反倾销与产业升级的协同演化是一把双刃剑：在路径 1 中，产业升级可以抑制反倾销；而在路径 3 中，产业升级却是激发反倾销，进而危害我国的产业安全。而且一旦陷入"激发反倾销"的环节，涉案企业会选择终止产业升级，即返回到"抑制产业升级"这种状况，继续遭受反倾销，从而继续危害我国的产业安全，也即无法通过新一轮的协同演化进入路径 1 去实现促进产业安全的结果。为了避免陷入"激发反倾销"的环节，我们需要对产业进行细分，根据不同产业的特点和技术水平去决定是否能采用产业升级的方式。如果不能采用产业升级的方式，则要考虑采用其他的备用方式去抑制反倾销，如采用出口到别的国家、调整产品结构、达成中止协议等备用方式去抑制反倾销，促进产业安全水平的提升。

（3）当产业升级能有效抑制反倾销时，则需由被动升级逐渐变为主动升级，维持产业安全提升进程。路径 2 中的之所以出现危害产业安全的结果，是因为反倾销被抑制后，产业安全问题解决了，导致涉案企业在产业升级问题上懈怠了，缺乏实施产业升级的动力，出现了产业升级停滞的状况，从而使涉案产业继续遭受倾销，最终危害产业安全。因此，理性的涉案企业应该具有前瞻性，在通过产业升级抑制反倾销以后，还需继续投入资金进行技术创新，维持产业升级进程，由以前的被动的产业升级变为主动的产业升级，这样的产业安全水平的提升才具有可持续性。

（4）要意识到产业安全的背后面临的不仅是经济问题，同时也是政治问题，产业安全的维护还需动用国家力量。根据中国在 2001 年签署的《中国加入世贸组织议定书》第 15 条的规定，本应在 2016 年 12 月 11 日中国自动获得"市场经济地位"，即长期以来导致国外对华反倾销不公正裁决的中国的"非市场经济地位"自动终止，但是欧盟、美国、日本却纷纷表示将继续不承认中国是"市场经济国家"。15 年的过渡期，中国已在市场经济领域取得了全球瞩目的成就，但国外同样可以忽视我们的这些成就。这样做的直接结果就是导致这些主要的对华反倾销国家或地区在对华反倾销上继续维持很高的自由裁量权和肯定性终裁比例偏高，以及明显偏高的反倾销税税率。再加上美国悬挂在中国头上的所谓"汇率操纵国"的虚虚实实的指控，一旦这种指控掉下来，美国就可对中国进行直接的制裁。可见，抑制反倾销、维护产业安全并不是单纯地通过技术进步、产品升级换代、产业升级就能实现的，也不是仅凭某个企业、某个行业的自身的努力就能完全实现的，产业安全的背后面临的不仅是经济问题，同时也是政治问题，因此要维护我国的产业安全还需跳出单纯的产品、技术、产业的层面，用国家的力量去对抗危害产业安全的各种歧视和不公正的指控。

6.5　本章小结

本章分别构建"反倾销与产业升级协同演化—产业安全"的逻辑模型和路径模型。反倾销和产业升级对产业安全的累积影响主要取决于反倾销的具体情况。反倾销与产业升级的协同演化较为复杂，协同演化的状况对产业安全的结果产生很大影响，存在 4 种不同影响路径以及不同的影响结果，仅一种路径能实现产业安全的提升。为了提升反倾销威胁下的中国产业安全水平，需要采取"促进产业升级→抑制反倾销→促进产业安全"的总策略；且充分考虑协同演化复杂性，避免陷入"激发反倾销"的环节；在产业升级能有效抑制反倾销的阶段，需由被动升级逐渐变为主动升级；必要时需动用国家力量维护产业安全。

产业安全视角下反倾销与产业
升级协同演化分析
——基于总量

数据显示，无论从总量、年度数量、还是占比，中国遭受的反倾销已对我国的对外贸易构成了严峻的挑战，中国的产业安全已面临现实或潜在的重大威胁。在反倾销的威胁下，如何维护或增强一国的产业安全就成为一个焦点问题。产业升级常常被认为一种抵御国外反倾销、增强产业安全的一种策略，反倾销也可能对一国的产业升级有激励作用，本章拟对我国遭受的反倾销与产业升级之间的协同演化状况的进行研究，并就协同演化的累积影响去探索我国产业安全问题。

7.1 文 献 综 述

在中国对外贸易快速增长、遭受反倾销状况非常严峻的背景下，对中国遭受反倾销的影响因素的研究也越来越丰富。已有的文献显示，通过不同的实证研究方法，发现中国遭受反倾销的原因是复杂的、多样化的，既有国内原因也有国外原因，既有宏观原因也有微观原因，既有经济原因也有非经济原因（沈国兵，2007；谢建国，2006；杨艳红，2009；李坤望、王孝松，2008；周灏，2011；巫强、马野青、姚志敏，2015）。对于产业升级、技术进步方面影响因素的研究，长期以来主要是采用理论分析，普遍认为中国低附加值的劳动密集型产品大量出口是导致中国遭受反倾销的主要因素，因此普遍认为中国要通过相关产业的技术创新和出口产品升级，提高产品的技术含量，实现从低端产品生产向高技术、高附加价值产品生产转型，最终从被动应对国外反倾销发展到主动规避国外反倾销。但是，张雨、戴翔（2013）通过实证研究发现中国出口产品升级不仅未能有效缓解中国遭遇的反倾销，反而使之加剧；同时认为不能将中国出口产品遭受反倾销简单归咎于附加值过低，以免造成政策偏差。这一实证结果与以前普遍的理论分析结果相反。前文提到的光伏产品反倾销案件也印证了这一结论。

对于中国遭受反倾销对产业升级、技术进步的影响，近几年一些学者通过实证方法进行了探索，如，齐俊妍、孙倩（2014）发现国外对华反倾销能促进我国的产业升级和技术进步，但奚俊芳、陈波（2014）研究认为对华反倾销在短期内会导致技术进步下降，长期看则对技术进步无显著影响。

文献显示，反倾销与产业升级之间关系的实证研究很少，已有的实证研究也仅研究单向影响，即只研究反倾销对产业升级的影响，或只研究产业升级对反倾销的影响，对于反倾销和产业升级这两者之间的双向互动影响、协同演化没有涉及；而且有的研究是将反倾销、反补贴等多种贸易摩擦的影响合在一起分析，一定程度上导致缺乏针对性。这就衍生一个有价值的研究问题：反倾销与产业升级之间存在协同演化吗？若存在，则是如何协同演化的？目前在贸易摩擦领域还无人采用协同演化思想和方法进行研究，本章拟从产业安全的视角，从理论上去诠释两者之间协同演化的机制以及协同演化对产业安全影响的机制，并采用协同演化模型去验证两者之间的协同演化问题。这有利于我们深化认识中国遭受的反倾销问题，有利于更有效地维护我国的产业安全和获取合法的贸易利益。

7.2 模 型 方 法

基于协同演化的内涵以及前文关于反倾销与产业升级协同演化机制的分

析，本章拟运用协同演化相关模型对这两者间的协同演化状况进行实证分析，用反倾销与产业升级的协调度来度量两者协同演化的程度高低。协调是指系统组成要素之间在发展过程中彼此的和谐一致性，这种和谐一致性的程度称为协调度。反倾销与产业升级的协调度能表达反倾销子系统和产业升级子系统在发展演化过程中协同一致的程度，也决定了由子系统构成的该复合系统由无序走向有序的趋势和程度，同时也能分辨发展演化过程中促进与抑制（或促进与激发）哪种互动影响效应处于主导地位。

孟庆松、韩文秀等（1998，1999）基于协同学理论提出的"协调度模型"在协同演化研究领域被广泛使用，因此本章拟借鉴该类模型方法构建本章的协同演化模型——"反倾销与产业升级复合系统的协调度模型"，并测度其子系统的有序度和整个协同演化系统的协调度。

反倾销与产业升级的复合系统为 $S = \{S_1, S_2\}$，其中，S_1 为反倾销子系统，S_2 为产业升级子系统。子系统表示为 S_j，$j \in [1, 2]$，设其发展过程中的状态参量为 $e_j = (e_{j1}, e_{j2}, \cdots, e_{jn})$，其中，$n \geqslant 1$，$\beta_{ji} \leqslant e_{ji} \leqslant \alpha_{ji}$，$i \in [1, n]$，$\alpha_{ji}$ 和 β_{ji} 分别为状态参量分量 e_{ji} 的最大值和最小值。

有序度是判断系统有序程度的一种标准，是系统中的状态参量各自有选择地分占系统中的不同位置，相互间形成有规则的排列，这样的结构状态称为有序。假设 e_{j1}，e_{j2}，$\cdots$，e_{jl} 为正向指标，即其取值越大，子系统状态参量的有序度就越高，或其取值越小，子系统状态参量的有序度就越低；假设 $e_{j(l+1)}$，$e_{j(l+2)}$，$\cdots$，e_{jn} 为负向指标，即其取值越大，子系统状态参量的有序度就越低，或其取值越小，子系统状态参量的有序度就越高。子系统状态参量分量的有序度的测度见公式（7.1）：

$$\mu_j(e_{ji}) = \begin{cases} \dfrac{e_{ji} - \beta_{ji}}{\alpha_{ji} - \beta_{ji}}, & i \in [1, l] \\[3mm] \dfrac{\alpha_{ji} - e_{ji}}{\alpha_{ji} - \beta_{ji}}, & i \in [l+1, n] \end{cases} \qquad (7.1)$$

其中，$\mu_j(e_{ji}) \in [0, 1]$ 为子系统 j 的状态参量分量 e_{ji} 的有序度，其值越大表明状态参量分量 e_{ji} 对子系统的贡献越大。各个状态参量分量 e_{ji} 对子系统 S_j 有序度的"总贡献"可通过 $\mu_j(e_{ji})$ 的集成来实现。在有序度的集成中，线性加权求和法使用的较多，本章也采用该方法进行子系统有序度的集成，具体见公式（7.2）：

$$\mu_j(S_j) = \sum \lambda_i \mu_j(e_{ji}), \ \lambda_i \geq 0, \ \sum \lambda_i = 1 \tag{7.2}$$

$\mu_j(S_j)$ 为子系统 S_j 的有序度，该值越大表示子系统的有序度越高，反之，则子系统的有序度就越低。λ_i 为权重，权重计算过程如下。

首先，为了消除各个状态参量指标不同量纲的影响，需对各个状态参量指标的原始数据采用均值—标准差方法进行标准化处理。然后，采用相关系数矩阵赋权法确定状态参量指标的权重。设子系统包含 n 个指标，其相关系数矩阵 R 为：

$$R = \begin{bmatrix} r_{11} & r_{12} & \cdots & r_{1n} \\ r_{21} & r_{22} & \cdots & r_{2n} \\ \cdots & \cdots & \cdots & \cdots \\ r_{n1} & r_{n2} & \cdots & r_{nn} \end{bmatrix}, \ 其中 \ r_{ii} = 1(i = 1, \ 2, \ \cdots, \ n)$$

令 $R_i = \sum\limits_{j=1}^{n} |r_{ij} - 1|$，$i = (1, \ 2, \ \cdots, \ n)$，其中 R_i 表示第 i 个指标对其他 $(n-1)$ 个指标的总影响，R_i 越大，说明第 i 个指标在指标体系汇总的影响越大，其权重也就越大。将 R_i 归一化处理得到相应各指标的权重为 λ_i，具体见公式（7.3）：

$$\lambda_i = \frac{R_i}{\sum\limits_{i=1}^{n} R_i}, \ (i = 1, \ 2, \ \cdots, \ n) \tag{7.3}$$

在子系统有序度计算基础之上，最终计算出协同演化复合系统的协调度。在给定的初始时刻 t_0，反倾销子系统的有序度为 $\mu_1^0(e_1)$，产业升级子系统有序度为 $\mu_2^0(e_2)$。在复合系统系统演化过程中的时刻 t_1，反倾销子系统的有序度为 $\mu_1^1(e_1)$，产业升级子系统的有序度为 $\mu_2^1(e_2)$，则反倾销与产业升级复合系统的协调度 C 为：

$$C = \theta \times \sqrt{|\mu_1^1(e_1) - \mu_1^0(e_1)| \times |\mu_2^1(e_2) - \mu_2^0(e_2)|} \tag{7.4}$$

其中，$\theta = \begin{cases} 1, \ 当 \ \mu_1^1(e_1) - \mu_1^0(e_1) > 0, \ 且 \ \mu_2^1(e_2) - \mu_2^0(e_2) > 0 \ 时 \\ -1, \ 其他 \end{cases}$

协调度，即协调程度，用来衡量一个系统内部各个要素之间配合和协作的程度。由公式（7.4）可知，$C \in [-1, 1]$，C 值越大，表明复合系统的协同演化程度越高，反之则越低。当 $C \in [-1, 0)$，说明复合系统处于不协调状态；当 $C \in [0, 1]$，说明复合系统处于协调状态。

根据上述构建的反倾销与产业升级复合系统的协调度模型，整个复合系统分为两个子系统：反倾销子系统和产业升级子系统。在其协同演化的评价指标选择上要兼顾科学性和数据的可获得性。在反倾销子系统方面，由于是考查中国遭受反倾销的情况，因此选择中国遭受的反倾销调查数量和中国遭受的最终反倾销措施数量来衡量反倾销状况。在产业升级子系统方面，由于产业升级主要是通过技术进步来实现的，而技术进步的过程既包含了技术创新，也包含了技术转移和技术产品交易等几个方面，因此技术创新方面选择我国的研发经费支出、发明专利申请授权数来衡量（之所以选择发明专利而不是专利，主要是考虑到专利中的外观设计和适用新型这两种形式的技术含量不高，能体现较高技术含量的主要是发明专利），技术转移方面选用我国的技术市场成交额来衡量，而技术产品交易方面则选用我国的高技术产品出口额来衡量。反倾销与产业升级协同演化的评价指标体系见表 7.1。

表 7.1　　　　　　　　反倾销与产业升级复合系统评价指标

子系统	状态参量分量评价指标	单位
反倾销	中国遭受反倾销调查数量	起
	中国遭受最终反倾销措施数量	起
产业升级	研发经费支出	亿元
	发明专利申请授权数	项
	技术市场成交额	亿元
	高技术产品出口额	亿美元

考虑到部分数据的可获得性问题，上述所有数据的统计期间为 1995 ~ 2014 年。中国遭受反倾销调查数量和中国遭受最终反倾销措施数量根据 WTO

反倾销数据库数据整理得到；我国的研发经费支出、发明专利申请授权数、技术市场成交额、高技术产品出口额来源于各年度的《中国统计年鉴》。

7.3　实证结果及分析

将各指标的统计数据代入公式（7.1），计算出反倾销子系统和产业升级子系统各状态参量分量的有序度，进而根据公式（7.2）集成出两个子系统的有序度，最后根据公式（7.4）计算出整个复合系统的协调度。子系统的有序度结果和复合系统的协调度结果见表7.2。

表 7.2　　　　反倾销与产业升级复合系统协调度及子系统有序度数值

年份	反倾销子系统有序度	产业升级子系统有序度	复合系统协调度	年份	反倾销子系统有序度	产业升级子系统有序度	复合系统协调度
1995	0.099952116	0.000332909	—*	2005	0.414304512	0.231772181	0.269728548
1996	0.143709368	0.003269599	0.011335849	2006	0.489663444	0.288586234	0.335165014
1997	0.224530861	0.008480679	0.031859675	2007	0.493482965	0.358234987	0.375293896
1998	0.116112142	0.015461503	0.015635807	2008	0.657650936	0.444658107	0.497794775
1999	0.184571768	0.024866841	0.045563722	2009	0.682168376	0.476583339	0.526574538
2000	0.266296567	0.043114360	0.084359096	2010	0.476419632	0.594526470	0.472963607
2001	0.336029366	0.057737805	0.116413015	2011	0.361819979	0.705892262	0.429841041
2002	0.347836433	0.080932941	0.141348802	2012	0.397774619	0.847858315	0.502406347
2003	0.397959552	0.128340571	0.195313172	2013	0.623872776	0.928550378	0.697360961
2004	0.407405206	0.184233374	0.237783023	2014	0.456070218	1.000000000	0.596656976

注：*由于在协调度计算中1995年为初始时刻 t_0，因此1995年无协调度数值。

为了便于直观观察，本章将表7.2中的数据转换为下面的折线图（见图7.1）来展现。

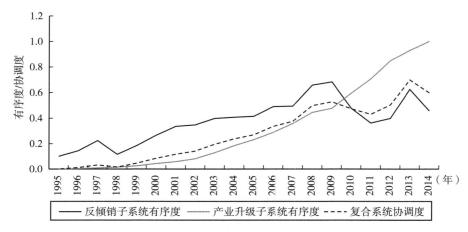

图 7.1　反倾销与产业升级复合系统协调度及子系统有序度态势

　　总体上，反倾销子系统与产业升级子系统有序度均呈现出明显的上升态势，表明了两个子系统从无序到有序的演化过程，但演化过程存在差异。反倾销子系统的有序度在 1995～2014 年期间总体上呈现上升态势，增长了近 4 倍，年均增长率为 8.3%。其中，该子系统在 1995～2009 年期间几乎一直保持了上升态势（1998 年除外），但 2009 年之后波动较明显，表明了反倾销子系统在演化过程中的一定程度的不稳定性；产业升级子系统的有序度在 1995～2014 年整个期间逐年不断上涨，增长了约 3 000 倍，年均增长率高达 52.4%，演化过程无较大波动，较为稳定。

　　复合系统协调度保持了正值，且总体上呈现出较好的上升态势，表明反倾销与产业升级之间具有较强的协同演化，"反倾销对产业升级的促进"和"产业升级对反倾销的激发"分别在协同演化过程中起主导作用，否则，整个复合系统的协调度会小于 0，即系统不会存在协同演化。1996～2014 年期间（1995 年无协调度数值）增长了近 52 倍，年均增长率为 24.6%。协调度超过 0.5 的年份除了 2009 年外，其余就集中在 2012～2014 这 3 年，这说明反倾销与产业升级在最近几年有较强的协同演化的态势，也说明"反倾销对产业升级的促进"和"产业升级对反倾销的激发"这两种主导作用在近几年已变的较强。

　　1996～1998 年期间，协调度很低，这表明"产业升级对反倾销的激发"作用并不强，这主要与当时我国产业的技术水平不太高有很大关系，但现在我国产业的技术水平越来越高，越来越逼近甚至超过国外的先进技术，就导致国内产品与国外产品的竞争更强烈，"产业升级对反倾销的激发"作用就越来越强。这实际上也就从一个方面解释了为什么我国光伏产业——一个高技术含量颇高的产业也会遭受到严酷的反倾销。

　　另外，图 7.1 中可以明显观察到反倾销子系统有序度和复合系统协调度的演化状态极为相似，下降和上升的年份高度匹配，这表明反倾销子系统有序度和复合系统协调度的演化密切相关。

7.4　结论及启示

7.4.1　结论

　　本章从产业安全的视角构建了反倾销与产业升级的协同演化框架，分析了反倾销与产业升级的协同演化机制以及协同演化对产业安全影响的机制，并基于协同学理论构建了相应的协同演化模型，通过测算有序度和协调度对我国遭受反倾销与我国产业升级两者之间的协同演化态势进行了实证分析，得出以下结论：

　　（1）反倾销子系统和产业升级子系统的有序度均呈现出明显的上升态势，向有序发展演化，说明我国遭受的反倾销数量和产业升级程度总体上在不断地有序上涨。

　　（2）复合系统的协调度保持正值，且数值总体上不断增加，说明反倾销与产业升级这两个子系统之间形成了协同演化态势，且这种协同演化在逐步加强。另外，复合系统的协同演化态势更多地体现出反倾销子系统对其的影响。

　　（3）反倾销与产业升级协同演化的态势显示出："反倾销对产业升级

的促进"和"产业升级对反倾销的激发"分别在协同演化过程中起主导作用，这两种主导作用在 1998 年之后越来越明显，2012 ~ 2014 年期间已变的较强。

（4）在协同演化过程中，由于反倾销数量的增加与产业升级程度的增加是同向演变的，但这两者对产业安全的影响方向相反，因此导致协同演化对我国产业安全的最终影响结果取决于这两种相反影响力量的大小对比，即取决于反倾销、产业升级共同对产业安全产生的累积影响。

7.4.2　启示

对反倾销与产业升级的协同演化态势进行研究的更进一步的目的是为了增强我国产业安全。在我国是世界反倾销最大受害国的背景下，我国的很多产业均是面临反倾销威胁的产业，产业安全存在较多风险。对此，我们基于产业安全的视角认为：

（1）认识观念。我国政府和企业不能简单地认为通过产业升级就能有效缓解或抑制国外对华反倾销的发生，要意识到总体上目前我国产业升级其实是在激发国外对华反倾销的发生。这也正好印证了张雨、戴翔（2013）的研究结果，他们研究发现中国出口产品升级不仅未能有效缓解中国遭遇的贸易摩擦，反而使之加剧。

（2）产业安全提升的纵向策略。根据协调度的高低调整政策措施和发展战略。当协调度下降到较低水平（如低于 0.3）时，"产业升级对反倾销的激发"作用变的较弱，此时政府在舆论宣传和政策措施制定上应积极鼓励产业升级，企业也应积极出台能促进产业升级的发展战略，这样有利于增加产业安全水平；当协调度上升到较高水平（如高于 0.5）时，则应对政策措施和发展战略进行相应调整，避免"产业升级对反倾销的激发"作用变的较强时产业升级带来的负面影响，这样有利于降低产业安全的风险。

（3）产业安全提升的横向策略。按照技术水平高低对产业进行细分，实施差异化的政策措施和发展战略。第一，当某产业的技术水平处于中低端水平时，"产业升级对反倾销的激发"作用较弱，应当鼓励该产业积极地通过技术进步来实现产业升级。一方面产业升级促进了产业安全，另一方面由于反倾销的变动不大，在一定程度上对产业安全的危害就较弱。此时的协同演化总体上对产业安全产生积极影响的概率更大；第二，当某产业的技术水平处于中高端水平时，"产业升级对反倾销的激发"作用较强，政府或企业在出台产业升级的鼓励性措施和发展战略时应当要谨慎，要全面考虑，此时这种协同演化总体上对产业安全的产生消极影响的概率可能偏大。

（4）产业安全提升的非经济类策略。对于任何一个工业化进程中的国家而言，产业升级是必走之路，中国也是如此。同时，中国要从制造业大国走向制造业强国，也必须要通过产业升级来实现。对中国而言，产业升级是无法回避的一个环节，也是不能回避的一个环节。虽然协同演化的机制是客观存在的，其影响力量我们也无法忽视，但是我国必须通过必要的贸易谈判、政治谈判，以及通过我国主动对外实施反倾销的威慑力量来抑制国外对华反倾销，也即通过采取非经济类策略，增强其他途径的力量来维护和提升我国的产业安全。

7.5　本章小结

本章从产业安全的视角建立了反倾销与产业升级的协同演化框架，分析了中国遭受反倾销与中国产业升级的协同演化机制，构建了相应的协同演化模型，并使用中国 1995～2014 年的相关数据对我国遭受反倾销与我国产业升级的协同演化情况进行了实证分析。研究表明：反倾销与产业升级形成了协同演化态势，协同演化逐步加强，且更多地体现出反倾销子系统对其的影响；反倾销对产业升级的促进与产业升级对反倾销的激发在协同演化过程中起主导作用；协同演化对我国产业安全的最终影响结果取决于反倾销、产业升级两种相反影响力量的累积影响。最后，基于产业安全的视角，本章从认识观念、纵向策略，以及横向策略等多个方面提出了若干启示。

产业安全视角下反倾销
与技术进步协同演化分析
——基于七国（地区）对比

　　由于一国（地区）在世界市场上遭受反倾销的是本国（地区）的贸易品，而且一国（地区）在世界市场上参与竞争的产品也是本国（地区）的贸易品，因此考察贸易品的技术进步状况，以及分析反倾销与技术进步之间的协同演化就更有针对性。

　　本章将包括中国在内的世界上遭受反倾销最多的若干国家（地区）作为研究样本，对其遭受的反倾销与技术进步之间的协同演化状况进行比较研究，探索两者之间的协同演化状况，以及协同演化在不同成员间的差异。在选择比较研究的样本时，需要兼顾多个方面：既是对中国反倾销的主要成员，同时也是遭受反倾销的主要成员；既要考虑发达成员，也要考虑发展中成员；同时还要选择在反倾销中具有较强示范效应的成员。最终选定用于比较研究的 7 个成员分别为：中国、韩国、美国、印度、泰国、日本、欧盟。这 7 个成员遭受反倾销的具体数据见表 8.1。其中，中国是世界遭受反倾销最多的国家；韩国、美国、印度、泰国、日本分别名列 2、4、5、6、7（第 3 名是中国台湾，由于缺乏多个年份的贸易数据，无法计算相应的技术进步的指标，因此排除）；同时印度、美国、欧盟是对华反倾销中排名前三位的成员，其中美国、欧盟的反倾销具有较强的示范效应；而且除中国外的其余 6 个成员中，3 个是发达成员，另 3 个是发展中成员。考虑到数据的可获得性，本章的研究期间设定为 1995～2016 年。

表 8.1　　　　　　　**样本成员遭受反倾销数量（1995～2016 年）**

成员	遭受反倾销调查数量（起）	遭受最终反倾销措施数量（起）
中国	1 217	866
韩国	398	239
美国	276	177
印度	217	124
泰国	210	140
日本	207	146
欧盟	118	83

资料来源：根据 WTO 反倾销统计数据整理

8.1　出口技术复杂度的测算

8.1.1　测算方法

一个国家（地区）的贸易品的技术进步水平可以通过计算一国（地区）出口产品的技术含量水平来判断。迈克利（Michaely，1984）是较早提出测度指标的，其核心思想是用各国（地区）工资水平的加权平均值来测度产品的技术含量。豪斯曼（Hausmann，2003）提出了更为成熟的计算方法，该方法是利用复杂度测度产品的技术含量。本章拟采用出口技术复杂度（export sophistication，ES）指标来衡量一国（地区）的技术进步水平。出口技术复杂度越高，该国（地区）出口产品的技术水平就越高。在出口技术复杂度的使用上，有的用于计算高新技术产品出口技术复杂度（郭晶、杨艳，2010），有的用于计算农产品出口技术复杂度（尹宗成、田甜，2013），还有的用于计算服务贸易的出口技术复杂度（戴翔，2011）。本章借鉴豪斯曼等（Hausmann et al.，2007）测算出口技术复杂度的方法来计算一国（地区）的出口技术复杂度。计算过程分为两步：第一步先测算某一类产品的技术度指数（technological sophistication index，TSI），其计算公式如下：

$$TSI_n = \sum_m \frac{x_{mn}/X_m}{\sum_m (x_{mn}/X_m)} Y_m \tag{8.1}$$

其中，TSI_n 为第 n 类产品的技术复杂度指数。x_{mn} 为国家 m 出口第 n 类产品的出口额；X_m 是国家 m 的出口总额；Y_m 为国家 m 的人均收入水平（一般用人均 GDP 表示）。豪斯曼等（Hausmann et al.，2007）认为出口产品的技术复杂度与出口国（地区）的经济发展水平（人均 GDP）正相关，对某一产品而言，出口国（地区）加权平均收入水平越高，该产品的技术复杂度越高。

第二步计算出某一国（地区）的出口技术复杂度（export sophistication，ES）：

$$ES_m = \sum_n \frac{x_{mn}}{X_m} TSI_n \tag{8.2}$$

其中，ES_m 为国家（地区）m 在第 n 类产品上的出口技术复杂度。

简单而言，要计算某一国（地区）的总的出口技术复杂度，首先以出口产品为计算对象，计算出每一类产品的出口技术复杂度，也即"产品"的出口技术复杂度；然后，再以国家（地区）为计算对象，计算出每一个国家（地区）的出口技术复杂度，也即"国家（地区）"的出口技术复杂度。

8.1.2 数据选择、数据来源与测算结果

计算每一类产品的技术复杂度指数（TSI_n）理论上需使用世界上所有国家或地区各类产品的出口数据，但考虑到反倾销的针对性，以及中国的出口技术复杂度是重点考察目标，因此本章选用对中国有反倾销行为的成员的各类产品出口数据进行计算。世界上有 34 个成员对中国发起过反倾销调查（其中 33 个成员对中国实施过最终反倾销措施），最初拟将这 34 个成员均作为计算对象，但是其中有 5 个成员的较多年份的出口数据无法完整获取，因此将

这 5 个成员排除（这 5 个成员分别是：巴基斯坦、中国台湾、委内瑞拉、特立尼达和多巴哥、越南），最终选取中国以及余下的 29 个成员共计 30 个成员作为计算对象。这 30 个成员分别是：中国、印度、美国、欧盟、阿根廷、巴西、土耳其、墨西哥、澳大利亚、哥伦比亚、南非、加拿大、韩国、印度尼西亚、秘鲁、埃及、泰国、马来西亚、俄罗斯、新西兰、乌克兰、以色列、日本、菲律宾、波兰、智利、危地马拉、牙买加、摩洛哥、乌拉圭。这 30 个成员遭受的反倾销占全世界的 73%，同时这 30 个成员的出口总额占全世界的 83%，具有很高的代表性，能基本满足本章的研究需要。

本章测算的出口技术复杂度的年份区间为 1995 ~ 2016 年。上述 30 个国家（地区）按产品分类的出口额数据来源于联合国 UNCOMTRADE 数据库，单位为美元。HS 的 2 位码下共有 98 个类别产品，由于中国遭受反倾销的涉案产品共涉及 HS 产品分类中的 92 个类别，其中 6 个类别的产品不是中国的涉案产品，因此统计产品的出口额时排除这 6 个类别①，最终选定的产品为其余的 92 个类别。人均 GDP 来源于世界银行统计数据库，以 2010 年的不变价格计算，单位为美元。

根据上述数据和公式，测算出选取的 30 个成员的出口技术复杂度。限于篇幅，以及考虑到选取的比较研究样本，这里仅列出前文所述的用于比较研究的 7 个成员（中国、韩国、美国、印度、泰国、日本、欧盟）在 1995 ~ 2016 年期间的出口技术复杂度的变化情况，具体见图 8.1。

上述出口技术复杂度的测算结果显示出如下特征：

（1）出口技术复杂度与人均 GDP 之间呈现出一定相关性，发达国家（地区）的出口技术复杂度高，发展中国家（地区）出口技术复杂度低。总体来看，较高的人均 GDP 水平对应较高的出口技术复杂度。美国、日本、欧盟的出口技术复杂度平均值最高，分别为：18 754、17 379 和 16 321。其他几个发展中国家的出口技术复杂度平均值则相对较低，其中印度和泰国明显偏低，分别为 12 686 和 14 448。中国和韩国居中，分别为 15 136 和 15 974。

---

① HS 的 2 位码下的这 6 个类别分别是：15、71、77、93、97、98。

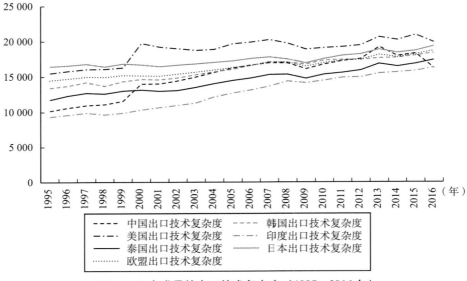

图 8.1　7 个成员的出口技术复杂度（1995～2016 年）

（2）中国和美国的出口技术复杂度的变化存在较强的关联。中国和美国的出口技术复杂度的趋势线的变动极为相似，2000 年的较大跃升、2009 年的较大降低、2013 年的较大上升、2014 年和 2015 年的下降，两国均同步出现。说明中美两国的出口技术复杂度的变化存在较强的关联。这种关联是由于中美两国互为最为主要的贸易伙伴国且具有较大的贸易互补性导致的。

（3）出口技术复杂度总体上逐年上升，中国和印度的增长最为显著，发达国家（地区）的增长偏低。各个成员的出口技术复杂度增长情况分别为：中国 59%，韩国 37%、美国 28%、印度 75%、泰国 48%、日本 18%、欧盟 29%。发展中国家的增长比较显著，增长最快的是印度和中国；而作为世界发达国家（地区）代表的美国、日本和欧盟的增长则低得多，不到 30%。

（4）不同国家（地区）间的出口技术复杂度差距存在不断缩小的趋势。各个成员的出口技术复杂度线条总体上呈现出不断聚拢的状况，成员间的差距逐渐缩小。由于标准差是能准确反映数据离散程度的常用指标，因此本章计算了不同年份的出口技术复杂度的标准差（见表 8.2）。数据显示，标准差总体上在逐年降低，由 1995 年的 2 490 降低至 2016 年的 1 326，说明成员之间的出口技术复杂度差距在逐年降低（2000 年出现标准差的较大升高，这主要是由于美国的出口技术复杂度骤然上升引起的，而其他成员的出口技术复杂度的差距是在缩小的）。

表 8.2　　　　出口技术复杂度的标准差（1995~2016 年）

年份	出口技术复杂度的标准差	年份	出口技术复杂度的标准差
1995	2 490	2006	1 951
1996	2 415	2007	1 891
1997	2 393	2008	1 564
1998	2 356	2009	1 434
1999	2 344	2010	1 386
2000	2 707	2011	1 345
2001	2 490	2012	1 365
2002	2 356	2013	1 546
2003	2 182	2014	1 338
2004	1 965	2015	1 467
2005	2 002	2016	1 326

8.2　协同演化分析

8.2.1　模型设定

本章拟运用协同演化模型对反倾销与技术进步这两者间的协同演化状况进行实证分析。协调度是衡量协同演化的程度高低的重要指标，在协同演化研究领域，孟庆松、韩文秀等（1998，1999）提出的"协调度模型"大量使用和借鉴，本章也基于该模型构建了"反倾销与技术进步复合系统的协调度模型"，即本章的协同演化模型，以此进行反倾销与技术进步协同演化分析。

反倾销与技术进步的复合系统为 $S = \{S_1, S_2\}$，其中，S_1 为反倾销子系统，S_2 为技术进步子系统。子系统表示为 S_j，$j \in [1, 2]$，设其发展过程中的状态参量为 $e_j = (e_{j1}, e_{j2}, \cdots, e_{jn})$，其中，$n \geqslant 1$，$\beta_{ji} \leqslant e_{ji} \leqslant \alpha_{ji}$，$i \in [1, n]$，$\alpha_{ji}$ 和 β_{ji} 分别为状态参量分量 e_{ji} 的最大值和最小值。

有序度是判断系统有序程度的一种标准。子系统状态参量分量的有序度的计算公式如下：

$$\mu_j(e_{ji}) = \begin{cases} \dfrac{e_{ji} - \beta_{ji}}{\alpha_{ji} - \beta_{ji}}, & i \in [1, l] \\[3mm] \dfrac{\alpha_{ji} - e_{ji}}{\alpha_{ji} - \beta_{ji}}, & i \in [l+1, n] \end{cases} \tag{8.3}$$

其中，$\mu_j(e_{ji}) \in [0, 1]$ 为子系统 j 的状态参量分量 e_{ji} 的有序度，其值越大表明状态参量分量 e_{ji} 对子系统的贡献越大。各个状态参量分量 e_{ji} 对子系统 S_j 有序度的"总贡献"可通过 $\mu_j(e_{ji})$ 的集成来实现。本章也采用线性加权求和法进行子系统有序度的集成，具体见公式（8.4）：

$$\mu_j(S_j) = \sum \lambda_i \mu_j(e_{ji}), \quad \lambda_i \geqslant 0, \quad \sum \lambda_i = 1 \tag{8.4}$$

$\mu_j(S_j)$ 为子系统 S_j 的有序度，该值越大表示有序度越高。λ_i 为权重，权重通过相关系数矩阵赋权法获得。设子系统包含 n 个指标，其相关系数矩阵 R 为：

$$R = \begin{bmatrix} r_{11} & r_{12} & \cdots & r_{1n} \\ r_{21} & r_{22} & \cdots & r_{2n} \\ \cdots & \cdots & \cdots & \cdots \\ r_{n1} & r_{n2} & \cdots & r_{nn} \end{bmatrix}, \quad \text{其中} \ r_{ii} = 1 (i = 1, 2, \cdots, n)$$

令 $R_i = \sum\limits_{j=1}^{n} |r_{ij} - 1|$，$i = (1, 2, \cdots, n)$，其中，$R_i$ 表示第 i 个指标对其他 $(n-1)$ 个指标的总影响。将 R_i 归一化处理得到相应各指标的权重为 λ_i，具体见公式（8.5）：

$$\lambda_i = \frac{R_i}{\sum\limits_{i=1}^{n} R_i}, \quad (i = 1, 2, \cdots, n) \tag{8.5}$$

在给定的初始时刻 t_0，反倾销子系统的有序度为 $\mu_1^0(S_1)$，技术进步子系

统有序度为 $\mu_2^0(S_2)$。在复合系统系统演化过程中的时刻 t_1，反倾销子系统的有序度为 $\mu_1^1(S_1)$，技术进步子系统的有序度为 $\mu_2^1(S_2)$，则反倾销与技术进步复合系统的协调度 C 为：

$$C = \theta \times \sqrt{|\mu_1^1(S_1) - \mu_1^0(S_1)| \times |\mu_2^1(S_2) - \mu_2^0(S_2)|} \tag{8.6}$$

其中，$\theta = \begin{cases} 1, & \text{当 } \mu_1^1(S_1) - \mu_1^0(S_1) > 0，\text{且 } \mu_2^1(S_2) - \mu_2^0(S_2) > 0 \text{ 时} \\ -1, & \text{其他} \end{cases}$

协调度是用来衡量一个系统内部各个要素之间配合和协作程度的指标。C 值越大，协同演化程度就越高。当 $C \in [-1, 0)$，表明系统处于不协调状态；当 $C \in [0, 1]$，表明系统处于协调状态。

在反倾销子系统方面，选择样本国（地区）遭受反倾销调查数量和最终反倾销措施数量来衡量反倾销状况（各样本成员遭受反倾销的年度数据见表 8.3 和表 8.4）。在技术进步子系统方面，采用前文测算出的出口技术复杂度指标来衡量。

表 8.3　中国、韩国、美国和印度遭受反倾销的年度数量（1995～2016 年）单位：起

年份	中国		韩国		美国		印度	
	反倾销调查	最终反倾销措施	反倾销调查	最终反倾销措施	反倾销调查	最终反倾销措施	反倾销调查	最终反倾销措施
1995	20	27	14	4	12	8	3	4
1996	43	16	11	6	21	4	11	1
1997	33	33	15	3	15	9	8	5
1998	27	24	27	15	16	12	13	7
1999	43	21	35	15	14	8	13	9
2000	43	31	23	23	13	13	10	7
2001	55	31	23	12	15	4	12	6
2002	50	36	23	13	11	10	16	6
2003	53	41	17	22	21	6	14	7
2004	49	44	24	13	14	10	8	10

续表

年份	中国		韩国		美国		印度	
	反倾销调查	最终反倾销措施	反倾销调查	最终反倾销措施	反倾销调查	最终反倾销措施	反倾销调查	最终反倾销措施
2005	53	42	12	8	12	13	14	2
2006	73	37	10	10	11	9	6	12
2007	61	46	13	6	7	4	4	3
2008	78	54	9	8	8	7	6	6
2009	78	57	8	7	14	5	7	4
2010	44	57	9	4	19	7	4	2
2011	51	37	11	4	10	7	7	3
2012	60	35	22	10	9	9	10	3
2013	76	52	25	18	13	5	11	6
2014	63	40	18	12	11	12	15	6
2015	70	61	17	12	5	7	13	7
2016	94	44	32	14	5	8	12	8

资料来源：根据 WTO 反倾销统计数据整理。

表 8.4　　泰国、日本和欧盟遭受反倾销的年度数量（1995~2016 年）　　单位：起

年份	泰国		日本		欧盟	
	反倾销调查	最终反倾销措施	反倾销调查	最终反倾销措施	反倾销调查	最终反倾销措施
1995	8	5	5	5	0	0
1996	9	8	6	6	1	0
1997	5	2	14	5	2	1
1998	2	5	14	9	4	1
1999	19	1	22	11	7	4
2000	12	12	12	22	9	4
2001	17	8	14	9	9	8
2002	12	8	13	5	10	6

年份	泰国		日本		欧盟	
	反倾销调查	最终反倾销措施	反倾销调查	最终反倾销措施	反倾销调查	最终反倾销措施
2003	7	8	16	11	10	7
2004	9	6	9	6	3	6
2005	13	6	7	7	5	3
2006	8	8	9	8	3	3
2007	9	4	4	4	2	1
2008	13	4	3	3	4	3
2009	8	10	5	0	6	1
2010	5	7	5	2	9	4
2011	8	7	5	3	3	4
2012	10	3	6	5	5	8
2013	14	9	11	5	8	4
2014	9	8	7	8	8	6
2015	3	9	8	5	3	4
2016	10	2	12	7	7	5

资料来源：根据 WTO 反倾销统计数据整理。

8.2.2　实证结果及分析

这里仅针对这前文已设定的 7 个成员的反倾销与技术进步间的协同演化状况进行比较分析。7 个样本国（地区）的复合系统的协调度结果见表 8.5。

表 8.5　　　反倾销与技术进步复合系统协调度（1995~2016 年）

年份	复合系统协调度						
	中国	韩国	美国	印度	泰国	日本	欧盟
1995	—*	—	—	—	—	—	—
1996	0.046	0.019	0.070	0.081	0.130	0.052	0.052

续表

年份	复合系统协调度						
	中国	韩国	美国	印度	泰国	日本	欧盟
1997	0.115	0.035	0.122	0.142	0.191	0.171	0.135
1998	0.042	0.187	0.187	0.157	0.164	0.042	0.168
1999	0.121	0.369	0.096	0.236	0.185	0.287	0.319
2000	0.287	0.422	0.464	0.257	0.323	0.245	0.330
2001	0.344	0.309	0.264	0.306	0.293	0.051	0.369
2002	0.372	0.355	0.206	0.392	0.242	0.128	0.435
2003	0.440	0.460	0.332	0.422	0.177	0.246	0.512
2004	0.471	0.456	0.316	0.475	0.171	0.166	0.432
2005	0.502	0.193	0.433	0.407	0.304	0.175	0.436
2006	0.573	0.234	0.119	0.567	0.264	0.272	0.410
2007	0.594	0.162	0.555	0.101	0.092	0.160	0.316
2008	0.705	0.086	0.369	0.417	0.257	0.199	0.483
2009	0.675	0.159	0.228	0.338	0.337	0.156	0.415
2010	0.583	0.280	0.335	0.234	0.040	0.181	0.644
2011	0.492	0.220	0.277	0.294	0.241	0.176	0.520
2012	0.535	0.512	0.181	0.433	0.141	0.127	0.727
2013	0.794	0.716	0.330	0.628	0.561	0.361	0.749
2014	0.602	0.508	0.378	0.745	0.364	0.306	0.782
2015	0.783	0.509	0.517	0.740	0.149	0.247	0.596
2016	0.669	0.767	0.421	0.779	0.264	0.490	0.817

注：＊由于在协调度计算中 1995 年为初始时刻 t_0，因此 1995 年无协调度数值。

为了便于直观观察，将表 8.2 中的数据转换和拆分为下面的两个折线图（见图 8.2 和图 8.3）来展现。其中图 8.2 为中国与三个发达国家（地区）的协调度变化的对比，图 8.3 为中国与三个发展中国家的协调度变化对比。

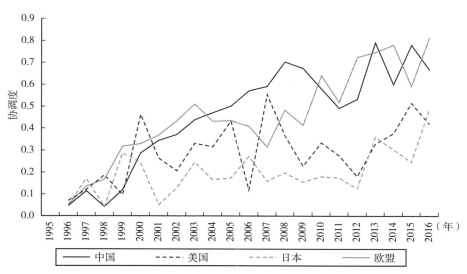

图 8. 2　中国与发达国家（地区）的反倾销与技术进步复合系统协调度态势

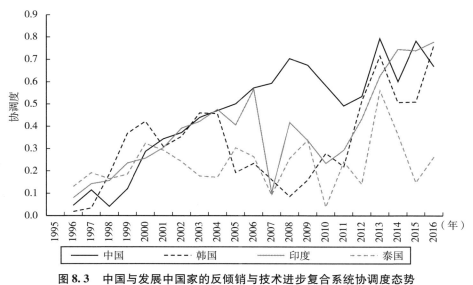

图 8. 3　中国与发展中国家的反倾销与技术进步复合系统协调度态势

1. 协调度的总体状况

7 个国家（地区）的复合系统协调度均保持了正值，表明"反倾销对技术进步的促进"和"技术进步对反倾销的激发"分别在协同演化过程中起主导作用。各个国家（地区）的协调度在 1996 年和 1997 年差异很小，且协调度很低。1998 年开始协调度呈现较大的分化。

2. 中国的协调度状况

中国的协调度总体上逐年增加，显示出中国的协同演化态势越来越强。其中起主导作用的是"反倾销对技术进步的促进"和"技术进步对反倾销的激发"。从 2005 年开始呈现出较强的协同演化状态（协调度超过 0.5）。2000 年之前的协调度偏低，"技术进步对反倾销的激发"较弱，这从一个侧面反映出当时中国产品的技术含量偏低，不足以对国外同类产品构成竞争威胁。随着中国产品的技术含量逐年增加，"技术进步对反倾销的激发"也越来越明显，这也就是中国光伏产品遭受到欧美反倾销的重要原因之一。

3. 发达国家（地区）的协调度状况

美国的协调度波动比较频繁，且上升趋势不明显，协调度总体偏低，协调度超过 0.5 的年份只有 2007 年和 2015 年。因此，虽然"反倾销对技术进步的促进"和"技术进步对反倾销的激发"分别在美国的协同演化过程中起主导作用，但这种主导作用并不强烈。

日本的协调度状况与美国较为类。总体上，日本的协调度波动比较频繁，且无明显的上升趋势，协调度总体偏低，所有年份的协调度均低于 0.5。因此，虽然"反倾销对技术进步的促进"和"技术进步对反倾销的激发"分别在日本的协同演化过程中起主导作用，但这种主导作用不强。

欧盟的协调度状态与美国、日本有较为明显的差异。欧盟的协调度存在较为明显的上升态势，表明反倾销与技术进步之间的协同演化强度总体上在逐渐加强。"反倾销对技术进步的促进"和"技术进步对反倾销的激发"分别在欧盟的协同演化过程中起主导作用。协调度超过 0.5 的年份较多，且主要集中在 2010 年及以后。总体而言，这说明反倾销与技术进步从 2010 年开始呈现出较强的协同演化的态势，也说明"反倾销对技术进步的促进"和"技术进步对反倾销的激发"这两种主导作用从 2010 年开始变得较强。

4. 发展中国家（地区）的协调度状况

韩国的协调度波动比较频繁，但仍显现出一定的上升趋势，协调度总体偏低，协调度超过 0.5 的年份较少，主要集中在 2012 年及以后。因此，虽然"反倾销对技术进步的促进"和"技术进步对反倾销的激发"分别在韩国的协同演化过程中起主导作用，但这种主导作用并不强烈。

印度的协调度存在较为明显的上升态势，但是协调度的演变阶段性特征明显，1996～2006 年为一个阶段，2007～2016 年为另一个阶段。协调度超过 0.5 的年份为：2006 年、2013～2016 年。因此，虽然"反倾销对技术进步的促进"和"技术进步对反倾销的激发"分别在印度的协同演化过程中起主导作用，但这种主导作用在第一个阶段并不强烈，而是在第二个阶段的后期变的较强。

泰国的协调度波动比较频繁，且无明显的上升趋势，没有呈现出逐渐增强的协同演化的态势，协调度总体偏低，协调度超过 0.5 的年份只有 2013 年。因此，虽然"反倾销对技术进步的促进"和"技术进步对反倾销的激发"分别在泰国的协同演化过程中起主导作用，但这种主导作用不强。

8.3 结论和启示

8.3.1 结论

本章选取了中国、韩国、美国、印度、泰国、日本和欧盟共计 7 个样本国（地区），测算了他们的出口技术复杂度，实证分析了这些样本国（地区）遭受的反倾销与技术进步水平之间的协同演化状况，得出如下结论：

（1）各国（地区）的技术进步逐年增强的特征明显，且技术进步水平差距不断缩小。

（2）"反倾销对技术进步的促进"和"技术进步对反倾销的激发"分别

在各个国家（地区）协同演化过程中发挥着主导作用，但协调度在 1996 年和 1997 年都很低。

（3）协同演化态势并未按照发达国家（地区）和发展中国家的划分进行聚类，协调度是否呈现上升态势与国家（地区）类别无关。协调度呈现出上升态势的国家（地区）有：中国、欧盟、印度；存在较弱的上升态势的国家为：韩国；无明显上升态势的国家有：美国、日本、泰国。

（4）中国的反倾销与技术进步之间的协同演化逐年加强的态势最为明显，且 2005 年开始协同演化变的较为强烈。欧盟的协同演化虽与中国比较类似，但它的协同演化变的较为强烈的时间较晚（2010 年开始）。印度的协同演化虽然也呈现上升态势，但却是划分为两阶段的阶段性上升，且协调度总体偏低。

（5）美国、日本、韩国、泰国的协调度总体偏低，中国、欧盟、印度的协调度总体偏高。发达国家（地区）的协调演化强度偏低（欧盟除外，这可能跟欧盟不断扩张成员数、拉低了欧盟的技术水平有关）；对于发展中国家，若其技术水平增长较快，则其协同演化强度会偏高，比如中国和印度。

8.3.2　启示

为了能充分发挥技术进步的积极作用和降低贸易摩擦的负面影响，进而增强中国产业安全，我们认为：

（1）依赖单纯的技术进步抑制国外反倾销有效性低。数据显示，中国的反倾销与技术进步之间的协同演化逐年加强，且 2005 年后协同演化变得较为强烈，说明最近十来年"技术进步对反倾销的激发"较为强烈，因此中国单纯依赖与技术进步去抑制国外反倾销是不可行的，有效性低。

（2）各类谈判、威慑力量与技术进步战略同步实施才能有效增强中国产业安全。虽然"技术进步对反倾销的激发"的作用是客观存在的，但是中国要从制造业大国走向制造业强国则必须通过技术进步来实现，只有成为制造业强国才能使中国产业安全在更高层次获得支撑，因此技术进步是我们无法回避的一个环节。为了抑制国外对华反倾销，中国有必要通过贸易谈判、政治谈判，以及通过中国主动对外实施反倾销的威慑力量来抑制国外对华反倾销。另外，我们发现当技术进步达到高水平时，"技术进步对反倾销的激发"强度就会相对较弱，例如美国和日本就是很好的例子，美国和日本的技术水平是最高的，但其协同度却较低，排名靠后。这可能是由于技术水平很高时，本国产品与他国产品之间差距太大，导致产品之间的同质性竞争较弱，因而导致发起反倾销的理由和动力不足。因此可以预计在将来中国的技术水平达到较高程度时，协同度会变得较低，国外对华反倾销的动力不足，这也会有利于中国的产业安全。

（3）阶段性差异策略：中国应根据协调度的高低变化调整技术进步策略。中国的协调度不是一成不变的，协同演化状况是随时间动态变化的。在协调度发生变动时，需要在产业安全与技术进步之间找到平衡点，在避免出现严重的产业安全问题的情况下实现技术进步。当协调度低于 0.3 时，由于"技术进步对反倾销的激发"作用较弱，中国应采取积极的技术进步措施和战略，增加产业安全水平；当协调度高于 0.5 时，由于"技术进步对反倾销的激发"较强，中国则需对技术进步措施和战略进行相应调整，避免反倾销的大量爆发，减少负面影响。协调度处于 0.3 ~ 0.5 之间时，中国则可考虑暂时维持现有措施和战略，进一步观察反倾销的变动状况。

（4）产业差异策略：中国应根据不同产业的技术水平高低实施差异化技术进步策略。根据中国不同产业的技术水平高低将产业划分为三个档次：高端产业、中端产业和低端产业。对于高端产业而言，"技术进步对反倾销的激发"较弱，应采取大力促进技术进步的措施和战略；对于中端产业而言，对于刺激技术进步的措施和战略需做更多的考量；对于低端产业而言，"技术进步对反倾销的激发"较弱，则需大力激励技术进步。

（5）成员差异策略：中国应针对重点国家实施差异化的成员技术进步策略。前文提到，印度、美国和欧盟是对中国反倾销排名前三位的成员，反倾销调查案件占比分别达到 16.4%、11.6% 和 10.6%，合计接近 40%[①]，因此这三个成员是最具代表性的成员。这三个成员可分为两类：印度为发展中成

---

① 根据 WTO 反倾销统计数据计算。

员，美国和欧盟为发达成员。中国对印度的技术进步策略与中国对欧美的技术进步策略需差异化。同属发展中国家的中国与印度是世界上人口最多的两个国家，且经济均快速发展，中印两国发展过程中在某些方面具有一定的相似性。总体上，同类产品的差异主要体现在价格方面，而技术方面的差异不大。美国、欧盟属于全球最为发达的国家和地区，中国与欧美的同类产品在价格和技术方面均存在明显差异。在对印度出口产品上的技术进步虽然会导致产品的价格有所上升，但技术进步会带来更强的产品竞争力，在双方技术差异不大的情况下会导致印度对中国产品更为敏感和更具戒心，从而对反倾销的激发作用较强。在对美国、欧盟出口产品上的技术进步主要是导致产品的价格有所上升，而技术上的差异仍会存在较大差距，并不会对自己的同类产品造成实质性威胁，反而由于中国出口产品的价格上升导致美国和欧盟对于中国产品的敏感和戒心降低，从而降低对反倾销的激发。综上所述，以欧美为主要出口市场的产品，中国可实施持续性的技术进步战略；对于以印度为主要出口市场的产品，应根据协调度的高低变化实施阶段性的技术进步战略。

总之，在反倾销的大背景下，为了维护中国的产业安全，对技术进步的效果要有正确的认识，需根据协调度的差异、产业的差异以及成员的差异选择实施合适的技术进步措施和策略，同时配套实施各类谈判及国家威慑力量。

8.4　本章小结

选取了中国在内的世界上遭受反倾销最多的 7 个国家（地区）为研究样本。研究样本分别为：中国、韩国、美国、印度、泰国、日本、欧盟。测算了各国（地区）的出口技术复杂度，并以出口技术复杂度为技术进步的衡量指标。通过运用协同演化模型分别对 7 个国家（地区）遭受的反倾销与技术进步之间的协同演化指标进行了测算，并进行了比较研究。研究发现：技术进步逐年增强的特征明显，且技术进步水平差距不断缩小；"反倾销对技术进步的促进"和"技术进步对反倾销的激发"在协同演化过程中发挥着主导作用；协调演化是否呈现上升态势与国家（地区）类别无关，中国协同演化逐年加强的态势最为明显；美国、日本、韩国、泰国的协调度总体偏低，中国、欧盟、印度的协调度总体偏高。最后，为了充分发挥技术进步的积极作用和降低贸易摩擦的负面影响，进而增强中国产业安全，对此从多个方面总结出了若干启示。

反倾销视角下中国产业安全评价分析
——基于具体涉案农产品

我国的农产品虽然不是遭受反倾销最多的产品，但一直在遭受国外的反倾销，而且中国作为一个外贸大国和农业大国，在农产品出口和生产的背后有数量极其众多的农业人口以及从事农产品加工的企业，农产品的反倾销不容忽视。分析我国农产品反倾销问题可以更有效地规避国外对我国农产品的反倾销，降低反倾销所带来的损失，保护我国农民和企业的合法利益，降低农产品出口的脆弱性，维护农户的基本收入和农户品加工企业的生存，维护我国农业的产业安全。

9.1   对华农产品反倾销案件统计情况

由于《商品名称和编码协调制度》（HS）的产品分类中在并没有农产品这样一个大类，因此本章以 WTO 的《农业协议》中定义的农产品①贸易统计

---

① WTO 的《农业协议》定义的农产品范围为：（1）HS 税则第一章至第二十四章（鱼及鱼产品除外）；（2）HS 编码 2905.43（甘露糖醇）、HS 编码 2905.44（山梨醇）、HS 税目 33.01（精油）、HS 税目 35.01～35.05（蛋白类物质、改性淀粉、胶）、HS 编码 3809.10（整理剂）、HS 编码 3823.06（2905.44 以外的山梨醇）、HS 税目 41.01～41.03（生皮）、HS 税目 43.01（生毛皮）、HS 税目 50.01～50.03（生丝和废丝）、HS 税目 51.01～51.03（羊毛和动物毛）、HS 税目 52.01～52.03（原棉、废棉和已梳棉）、HS 税目 53.01（生亚麻）、HS 税目 53.02（生大麻）。

范围为标准来统计涉案农产品。在《农业协议》中定义的农产品并不包括"鱼及鱼产品"，但鱼及鱼产品在中国的农产品贸易中的有重要地位，因此本章统计涉案农产品时将鱼及鱼产品纳入涉案农产品的统计，即为"WTO 农产品＋鱼及鱼产品"。判断是否属于农产品都严格的以涉案产品的税号作为标准。

1982 年 2 月，欧共体（欧盟前身）对中国出口的梨罐头发起的反倾销调查案件是我国农产品最早遭受反倾销的案件。1982～2016 年，国外对华农产品反倾销调查案件总计达到 28 起（具体案件汇总见表 9.1）。

表 9.1　　　　对中国农产品反倾销调查案件汇总（1982～2016 年）

序号	立案成员	涉案农产品	立案年份	序号	立案成员	涉案农产品	立案年份
1	美国	蘑菇罐头	1982	15	欧盟	梨罐头	1982
2	美国	蜂蜜	1994	16	欧盟	草莓	2006
3	美国	大蒜	1994	17	欧盟	柑橘类水果罐头	2007
4	美国	小龙虾仁	1996	18	欧盟	豆蛋白	2011
5	美国	蘑菇罐头	1998	19	印度	桑蚕生丝	2002
6	美国	苹果汁	1999	20	印度	桑蚕生丝	2014
7	美国	蜂蜜	2000	21	巴西	大蒜	1994
8	美国	冷冻或罐装淡水虾	2004	22	巴西	蘑菇罐头	1996
9	澳大利亚	西红柿罐头	1991	23	韩国	大蒜	1999
10	澳大利亚	桃罐头	1991	24	加拿大	大蒜	1996
11	澳大利亚	梨罐头	1991	25	墨西哥	伞菇罐头	2005
12	澳大利亚	花生仁	1991	26	南非	大蒜	1999
13	澳大利亚	蘑菇罐头	2005	27	新西兰	桃罐头	2006
14	澳大利亚	菠萝罐头	2006	28	印度尼西亚	面粉	2004

资料来源：根据刘爱东、周以芳的《我国农产品遭遇反倾销的案例统计分析》一文的部分案件统计、WTO 各成员反倾销半年度报告、中国贸易救济信息网的反倾销出口应诉案件整理而成。

统计数据显示，1982～2016 年共有美国、澳大利亚、欧盟等 11 个成员对中国农产品发起反倾销调查，有蘑菇罐头、蜂蜜、大蒜等 17 种具体涉案农产品。对华农产品反倾销最多的成员是美国和澳大利亚，分别发起了 8 起和 6 起反倾销调查；涉案次数最多的农产品是大蒜和蘑菇罐头，涉案次数分别为 5 次和 4 次。对于同一种农产品，有的是不同成员在同一年份分别发起的反倾销调查（如美国和巴西同在 1994 年对中国的大蒜发起了反倾销调查），有的则是同一成员在不同年份发起的反倾销调查（如美国分别在 1994 年和 2000 年对中国的蜂蜜发起了反倾销调查，印度分别在 2002 年和 2014 年对中国的桑蚕生丝反倾销调查）。

从个案上考察，反倾销对中国涉案农产品出口贸易的影响是惊人的，例如：1999 年韩国对华大蒜反倾销案件，反倾销的第二年中国对韩国大蒜出口额下降高达 98.1%；再如：2005 年墨西哥对华伞菇罐头反倾销案，反倾销的第二年中国对墨西哥伞菇罐头出口额下降高达 97.0%。遭受反倾销时间最长的农产品反倾销案件是美国对华蜂蜜反倾销案件，从 1994 年 10 月 31 日美国就开始对中国的蜂蜜产品进行反倾销调查，后来中美双方达成"中止协议"，从而对中国出口到美国的蜂蜜出口量和出口价格进行限制，虽然 2000 年美国取消了"中止协议"，终止该次反倾销案件，但同年又对中国的蜂蜜再次发起新的反倾销调查，并终裁征收反倾销税，后期不断地经历了日落复审、行政复审和新出口商复审，使美国对中国蜂蜜的反倾销从 1994 年到现在长达 20 余年一直处于美国反倾销的影响之下。

9.2 文献综述

已有文献显示产业安全有不同的定义和观点。顾海兵（1997）认为经济安全包括了产业安全，虽未专门对产业安全进行界定，但对经济安全进行了界定，认为是指外国经济对我国经济实行渗透而产生的威胁。何维达、宋胜洲（2003）对产业安全给出了直接的定义，认为产业安全是一个国重要产业的生存发展以及政府对这些产业控制权受到威胁的状态。学者们对产业安全有不同的定义和观点，其中李孟刚（2006）提出的观点得到了较为广泛的认同，他认为产业安全应包括"产业生存安全"和"产业发展安全"，分别指产业生存不受威胁的状态和产业发展不受威胁的状态。产业是一个统称，可以再细分为不同的具体产业，不同的产业有不同的特征，产业安全的情况也存在诸多差异，因此学者们还深入到中国不同产业的产业层面去研究产业安全问题，如杨公朴等（2000）从产业层次和企业层次两个层次构建了中国汽车产业安全评价体系，指出应从产业发展和产业保护两方面共同入手出提高汽车产业的安全性；何维达、何丹（2007）从产业生存与发展的角度诠释钢铁产业安全，并对我国的钢铁产业安全状况进行了分析与估算；单春红、胡珊珊（2012）建立我国航空航天业的产业安全评价体系，对2002～2008年的航空航天业的产业安全度进行评估，认为突破核心技术瓶颈是提高该产业安全度的关键；于谨凯、张亚敏（2012）测算了我国海洋运输业2001～2007年的产业安全度，并基于所构建的海洋运输业安全指标体系，建立预警机制；史欣向等（2015）设计的中国高技术产业安全评价体系是以市场和创新为纲、以生存和发展为目，并分别利用层次分析法、专家法及主成分分析法测量了中国高技术产业安全的状况；宋向党（2016）分析了农业产业系统性特征和产业安全形成机理，构建了农业产业安全评价指标，并针对河北省的农业产业安全水平进行具体测算；韩港（2016）按照调结构、转方式、靠创新的逻辑思路，从产能、产业集中度、开采方式、行业秩序、技术与专利水平的角度，探究了影响稀土产业安全的关键问题；曹萍等（2017）研究了软件产业安全问题，从产业竞争力的视角构建包括内资企业竞争力、现实竞争力、潜在竞争力、成长竞争力和竞争环境等5个一级指标的产业安全评价的指标体系；朱学红等（2019）研究了我国有色金属的产业安全问题，根据我国有色金属产业的特点提出了适用于评价我国有色金属产业安全的指标体系，并从信息可替代的视角对指标体系进行了修正。对于中国的产业安全，学者们还在诸如纺织产业、石化产业、煤炭产业、汽车产业、航空航天产业等诸多产业进行了探索。

文献显示，已有的研究主要是从产业层面的宏观或中观视角进行研究，很少有通过产业中的具体产品更为微观的视角去研究产业安全。由于同一产业内部的不同产品可能存在较大差异，例如，大蒜与小龙虾仁同属于农产品，但却存在较大的特征差异，因此仅从产业层面去分析产业安全可能存在偏差，若能深入到产业的产品层面进行分析，研究会更为细致和更具针对性。董银果（2015）在分析中国农业产业安全中也曾深入到具体的农产品层面，在产品层面做了积极的探索，但仅测算了中国的大豆、玉米和棉花三类农产品产业安全水平状况的变化，一方面涉及农产品种类太少，另一方面是从中国进口的视角去探讨中国农业产业安全的。本章拟从中国作为出口国的视角出发，从众多的具体涉案农产品层面去探索中国农业的产业安全。

目前对产业安全的测度基本上处于半量化状态，层次分析法、熵权法等一些评分赋值之类的测度方法存在主观性较大的缺陷。而 DEA 模型能从输入输出角度对产业安全的各个决策单元进行效率评价，有效地解决了评价的主观性较大的问题，因此本章拟使用 DEA 模型进行中国农业产业安全的评价。

9.3 农业产业安全的 DEA 模型构建

9.3.1 DEA 模型的基本思想

数据包络分析缩写为 DEA（data envelopment analysis），这种分析方法是美国运筹学家查恩斯（Charnes）、库珀（Cooper）和罗兹（Rhodes）于 1978 年提出来的。该方法的原理主要是通过保持决策单元（decision making units，DMU）的输入或者输入不变，借助于数学规划和统计数据确定相对有效的生产前沿面，将各个决策单元投影到 DEA 的生产前沿面上，并通过比较决策单元偏离 DEA 前沿面的程度来评价它们的相对有效性。简言之，该方法是在相对效率评价概念基础上，依据输入指标和输出指标的观察值来评价经济系统的相对有效性或效益评价的一种非参数分析方法。

本章使用 DEA 中的 CCR 模型（C^2R 模型）对我国农业的产业安全进行评价。由于 CCR 模型的原始模型是一个分式规划，不便于求解，因此需要将原始模型变换为线性规划模型才能求解。线性规划中一个十分重要，也十分有效的理论是对偶理论，且对偶模型更易于从理论意义及经济意义上做深入分析，因此本章拟使用对偶模型进行分析。DEA 中的 CCR 模型的原始模型经过 Charnes – Cooper 变化，引入非阿基米德无穷小量后的对偶规划模型如下：

$$\min\left[\theta - \varepsilon\left(\sum_{r=1}^{t} s_r^+ + \sum_{i=1}^{m} s_i^-\right)\right]$$

$$\begin{cases} \sum_{j=1}^{n} \lambda_j x_{ij} + s_i^- = \theta x_{ij} \\ \sum_{j=1}^{n} \lambda_j y_{rj} - s_r^+ = y_{rj} \\ s_i^- \geq 0, \ s_r^+ \geq 0 \\ \lambda_j \geq 0, \ j = 1, \ 2, \ 3, \ \cdots, \ n \end{cases}$$

该模型的有 n 个决策单元 DMU_j，$j = 1，2，3，\cdots，n$。DMU_j 的输入为 $x_j = (x_{1j}，x_{2j}，\cdots，x_{ij})^T$，$i$ 为输入指标数目，x_{ij} 为第 j 个决策单元的第 i 种输入指标的量。DMU_j 的输出为 $y_j = (y_{1j}，y_{2j}，\cdots，y_{rj})^T$，$r$ 为输出指标数目，y_{rj} 为第 j 个决策单元的第 r 种输出指标的量。整个模型的评价指标体系由 i 个输入指标（也称投入指标）和 r 个输出指标（也称产出指标）构成。s_i^- 与 s_r^+ 分别为松弛变量和剩余变量，松弛变量表示投入冗余，剩余变量表示产出不足。ε 为非阿基米德无穷小量，取 $\varepsilon = 10^{-6}$。λ_j，s_i^-，s_r^+，θ 为待估参量。

参数 θ 的值决定 DEA 是否有效。当 $\theta = 1$，且 $s_i^- = s_r^+ = 0$，则 DMU_j 为 DEA 有效，这表明在这 n 个决策单元组成的经济系统中，决策单元的投入达到最佳组合，并得到最佳产出；当 $\theta = 1$，s_i^- 与 s_r^+ 中至少有一个大于 0 时，则 DMU_j 为弱 DEA 有效，此时决策单元的投入量减少 s_i^- 可使产出不变，或者在投入量不变的情况下使产出量增加 s_r^+；当 $\theta < 1$，则 DMU_j 为非 DEA 有效。

应用该模型评价产业安全的过程中，决策单元的相对有效性就决定了该产业的安全程度。当 $\theta = 1$，表示产业发展处于安全状态；当 $\theta = 0$，表示产业发展处于危机状体；θ 值越大，产业安全度越高，θ 值越小，产业安全度越低。

9.3.2 DEA 模型构建

1. 决策单元的构建

以表 9.1 中的涉案农产品作为决策单元的构建基础。表 9.1 农产品反倾销案件中的第 1、第 10、第 11、第 15 以及第 26 五个案件由于缺少基本的贸易数据，因此在本章的决策单元中被剔除掉，在决策单元中涉及的反倾销案件只有 23 个。设反倾销案件立案年份为 T，实证分析中要对比反倾销案件发生的前一年（即 $T-1$）以及反倾销案件发生的后一年（即 $T+1$）的涉案农产品在海外市场的情况的表现进行对比，从而分析反倾销对产业安全的影响情况。这就导致每个案件均涉及 $T-1$、T、$T+1$ 三个不同的年份，而每个年份都是一个决策单元（DMU），因此每个案件均有 3 个决策单元。实证分析中涉及的 23 个案件的决策单元总计为 69 个（见表 9.2），即 DEA 模型中的决策单元 DMU 的总数量 $j=69$。

表 9.2   中国农业产业安全 DEA 模型的决策单元

决策单元	涉案农产品	立案成员及立案年份	年份	决策单元	涉案农产品	立案成员及立案年份	年份
DMU_1	蜂蜜	美国 1994	$T-1$	DMU_{10}	蘑菇罐头	美国 1998	$T-1$
DMU_2			T	DMU_{11}			T
DMU_3			$T+1$	DMU_{12}			$T+1$
DMU_4	大蒜	美国 1994	$T-1$	DMU_{13}	苹果汁	美国 1999	$T-1$
DMU_5			T	DMU_{14}			T
DMU_6			$T+1$	DMU_{15}			$T+1$
DMU_7	小龙虾仁	美国 1996	$T-1$	DMU_{16}	蜂蜜	美国 2000	$T-1$
DMU_8			T	DMU_{17}			T
DMU_9			$T+1$	DMU_{18}			$T+1$

决策单元	涉案农产品	立案成员及立案年份	年份	决策单元	涉案农产品	立案成员及立案年份	年份
DMU₁₉	冷冻或罐装淡水虾	美国 2004	$T-1$	DMU₄₆	桑蚕生丝	印度 2014	$T-1$
DMU₂₀			T	DMU₄₇			T
DMU₂₁			$T+1$	DMU₄₈			$T+1$
DMU₂₂	西红柿罐头	澳大利亚 1991	$T-1$	DMU₄₉	大蒜	巴西 1994	$T-1$
DMU₂₃			T	DMU₅₀			T
DMU₂₄			$T+1$	DMU₅₁			$T+1$
DMU₂₅	花生仁	澳大利亚 1991	$T-1$	DMU₅₂	蘑菇罐头	巴西 1996	$T-1$
DMU₂₆			T	DMU₅₃			T
DMU₂₇			$T+1$	DMU₅₄			$T+1$
DMU₂₈	蘑菇罐头	澳大利亚 2005	$T-1$	DMU₅₅	大蒜	韩国 1999	$T-1$
DMU₂₉			T	DMU₅₆			T
DMU₃₀			$T+1$	DMU₅₇			$T+1$
DMU₃₁	菠萝罐头	澳大利亚 2006	$T-1$	DMU₅₈	大蒜	加拿大 1996	$T-1$
DMU₃₂			T	DMU₅₉			T
DMU₃₃			$T+1$	DMU₆₀			$T+1$
DMU₃₄	草莓	欧盟 2006	$T-1$	DMU₆₁	伞菇罐头	墨西哥 2005	$T-1$
DMU₃₅			T	DMU₆₂			T
DMU₃₆			$T+1$	DMU₆₃			$T+1$
DMU₃₇	柑橘类水果罐头	欧盟 2007	$T-1$	DMU₆₄	桃罐头	新西兰 2006	$T-1$
DMU₃₈			T	DMU₆₅			T
DMU₃₉			$T+1$	DMU₆₆			$T+1$
DMU₄₀	豆蛋白	欧盟 2011	$T-1$	DMU₆₇	面粉	印度尼西亚 2004	$T-1$
DMU₄₁			T	DMU₆₈			T
DMU₄₂			$T+1$	DMU₆₉			$T+1$
DMU₄₃	桑蚕生丝	印度 2002	$T-1$				
DMU₄₄			T				
DMU₄₅			$T+1$				

2. 输入输出指标的选取

按照李孟刚（2006）的观点，产业安全应包括"产业生存安全"和"产业发展安全"，产业生存安全最基本的条件是要占有一定的市场、达到一定的利润率。产业发展安全的根本在于技术创新或技术进步，对产业安全的评价应该从生存安全和发展安全两个方面去评价。史欣向（2015）在对中国高新技术产业安全进行评价研究中，对产业生存安全和产业发展安全的详细指标进行了细致研究，共使用了 2 项一级指标、4 项二级指标和 42 项三级指标。也有学者从另外的视角阐述了产业安全理论框架，如景玉琴（2006）认为产业安全涵盖产业国内环境、产业竞争力、产业控制力三个方面；何维达（2002）认为产业安全涵盖产业竞争力、产业发展力、产业控制力和对外依存度等四个方面，可以描述为"四维度模型"。而且也还有学者提出将产业环境加入产业安全理论框架中，从而形成"五维度模型"。

"产业生存安全"和"产业发展安全"的产业安全的理论观点与四维度模型或五维度模型的理论观点并不对立，是可以相互融合的。本章的研究涉及反倾销，而反倾销对一个产业的影响常常涉及涉案产业在海外市场的生死存亡，即产业生存安全，因此本章主要针对"产业生存安全"进行研究。

为了对农业产业安全进行评价，还需构建评价指标体系。考虑产业安全本身是一个"半结构化"的复杂问题，既需要定量分析，又需要经验判断（景玉琴，2006），因此本章根据农业数据的特点和反倾销的研究视角，同时兼顾指标数据的可获得性，参考已有文献的研究，综合其他学者观点，最终确定采用以下 7 个评价指标（见表9.3），其中包含 5 个输入指标、2 个输出指标。

对评价指标的具体解释如下：

（1）反倾销：在 T 年份没有发生反倾销调查，取值为 0。在 T 年份发生了反倾销调查，取值为 1。而且反倾销调查时间常见为 9 ~ 18 个月，因此反倾销调查一般会出现跨年度的情况，因此本章认为在 $T+1$ 年份仍处于反倾销调查的阶段，取值为 1。反倾销发生后意味着中国出口市场的原有的平衡被打破，对出口总额、出口市场分配等可能产生重大影响。

表9.3 农业产业安全评价指标体系

评价指标		决策单元
反倾销（起）	输入指标	DMU_1，DMU_2，…，DMU_{69}
人民币汇率（1美元/人民币）		
农业总产值（亿元人民币）		
涉案产品出口依存度（%）		
涉案产品出口价格比（%）		
涉案产品市场渗透率（%）	输出指标	
涉案产品出口总额比（%）		

（2）人民币汇率：该指标使用人民币对美元的年度平均汇率，避免使用年终汇率或某个时点汇率带来的偏差。人民币汇率的升值或贬值可能导致中国农产品的出口价格发生变动，进而影响到出口竞争力，从而可能对农产品出口产生直接影响。

（3）农业总产值：采用我国各年度农林牧渔业总产值。农业总产值代表了我国农业产业的总体生产状况。

（4）涉案产品出口依存度：中国某一具体涉案农产品对全球的出口总额与中国GDP的比值。出口依存度的高低意味着本国（地区）产品为了能达到本国（地区）市场的均衡而借助对境外市场出口程度的高低，而对境外市场出口程度的高低的差异会使出口面临的汇率变动、国际贸易争端等风险有差异。

（5）涉案产品出口价格比：中国某一涉案产品对立案成员出口价格的年度比，即本年份出口价格/$T-1$年份出口价格。根据该计算公式，$T-1$年份的出口价格比为1，其他两个年份的出口价格比可能大于1，也可能小于1。出口价格比的变化能反映出农产品出口竞争力的变化，从而影响中国出口市场状况的变化。出口价格比越小，说明出口价格越低，出口产品的竞争力也越强，越容易拥有更多的境外市场。出口价格比虽然能在一定程度上体现出农产品的出口竞争力大小，但是越低的出口价格越容易引起境外的反倾销，危及我国的出口市场，从而可能危及我国农业的"产业生存安全"，因此出口价格比对产业安全的影响是一把双刃剑，可能出现正向影响，也可能出现负向影响。基于上述考虑，本章将出口价格比作为输入指标进行考察。

（6）涉案产品市场渗透率：该指标能反映一国（地区）产品在特定市场的竞争力，其计算公式为 M_{ij}/WM_{ij}，M_{ij} 表示立案成员 i 从中国进口某一涉案产品 j 的进口总额，WM_{ij} 表示立案成员 i 从世界市场进口产品 j 的进口总额。

（7）涉案产品出口总额比：反倾销在导致中国对立案成员的涉案产品出口减少的同时，若能扩大对其他市场的出口，那么可以在一定程度上减弱反倾销对我国农业产业安全的负面影响。该指标能反映一国（地区）产品在世界市场上出口额的变化情况，其计算为：中国某一涉案产品对全球出口总额的年度比，即本年份出口总额/$T-1$ 年份出口总额。

输入指标应为影响农业产业安全的因素，输出指标应为表现农业产业安全的状态参量。本章选取的 7 个评价指标中，前 5 个为输入指标，后 2 个为输出指标，即输入指标数目 $i=5$，输出指标数目 $j=2$。

9.4 中国农业产业安全评价实证分析

9.4.1 数据说明

本章 DEA 模型中决策单元中所涉及的农产品反倾销案件中，根据反倾销调查发起年份（具体案件和年份见表 9.1）确定各个案件的 $T-1$、T、$T+1$ 年份，其中 $T-1$ 年份赋值为 0，T、$T+1$ 年份赋值为 1。人民币汇率所用的年度平均汇率由月度汇率计算得到，月度汇率来源于加拿大英属哥伦比亚大学的太平洋汇率服务网站。农业总产值数据来源于国家统计局各年度《中国统计年鉴》中的农林牧渔业总产值。用于计算出口依存度的涉案农产品对全球的出口总额数据来源于联合国 UNCOMTRADE 数据库，中国 GDP 数据来源于世界银行。用于计算出口价格比的中国涉案产品对立案成员出口价格原始数据来源于联合国 UNCOMTRADE 数据库。用于计算市场渗透率的立案成员从中国进口某一涉案产品的进口总额、立案成员从世界市场进口某一涉案产品的进口总额数据均来源于联合国 UNCOMTRADE 数据库。用于计算出口总额比的中国某一涉案产品对全球年度出口总额数据来源于联合国 UN-COMTRADE 数据库。

9.4.2 DEA 模型求解

基于上述数据，本章使用 LINGO 软件进行辅助计算，最终测算出了的我国农业产业安全水平 DEA 评价结果，23 个涉案农产品的 69 个决策单元的具体结果见表9.4。

表9.4 中国农业产业安全 DEA 评价结果

决策单元	θ 值	相对有效性	安全状态	决策单元	θ 值	相对有效性	安全状态
DMU_1	1	有效	安全	DMU_{16}	1	弱有效	安全
DMU_2	0.8720	无效	基本安全	DMU_{17}	0.7119	无效	不安全
DMU_3	0.7249	无效	不安全	DMU_{18}	0.6976	无效	不安全
DMU_4	1	弱有效	安全	DMU_{19}	1	弱有效	安全
DMU_5	0.5484	无效	不安全	DMU_{20}	0.5968	无效	不安全
DMU_6	0.8162	无效	基本安全	DMU_{21}	0.6877	无效	不安全
DMU_7	1	有效	安全	DMU_{22}	1	有效	安全
DMU_8	0.9126	无效	基本安全	DMU_{23}	0.9951	无效	基本安全
DMU_9	0.9326	无效	基本安全	DMU_{24}	1	有效	安全
DMU_{10}	1	弱有效	安全	DMU_{25}	1	有效	安全
DMU_{11}	0.5901	无效	不安全	DMU_{26}	1	有效	安全
DMU_{12}	0.3547	无效	不安全	DMU_{27}	1	有效	安全
DMU_{13}	1	弱有效	安全	DMU_{28}	1	有效	安全
DMU_{14}	0.7134	无效	不安全	DMU_{29}	1	有效	安全
DMU_{15}	1	有效	安全	DMU_{30}	1	有效	安全

决策单元	θ 值	相对有效性	安全状态	决策单元	θ 值	相对有效性	安全状态
DMU$_{31}$	1	有效	安全	DMU$_{51}$	0.7996	无效	不安全
DMU$_{32}$	0.8053	无效	基本安全	DMU$_{52}$	1	弱有效	安全
DMU$_{33}$	0.9386	无效	基本安全	DMU$_{53}$	0.6077	无效	不安全
DMU$_{34}$	1	有效	安全	DMU$_{54}$	0.7787	无效	不安全
DMU$_{35}$	0.8497	无效	基本安全	DMU$_{55}$	1	有效	安全
DMU$_{36}$	0.9959	无效	基本安全	DMU$_{56}$	1	有效	安全
DMU$_{37}$	1	弱有效	安全	DMU$_{57}$	1	有效	安全
DMU$_{38}$	0.7671	无效	不安全	DMU$_{58}$	1	弱有效	安全
DMU$_{39}$	0.8387	无效	基本安全	DMU$_{59}$	0.6221	无效	不安全
DMU$_{40}$	1	有效	安全	DMU$_{60}$	0.6037	无效	不安全
DMU$_{41}$	0.9095	无效	基本安全	DMU$_{61}$	1	弱有效	安全
DMU$_{42}$	1	有效	安全	DMU$_{62}$	0.9246	无效	基本安全
DMU$_{43}$	1	弱有效	安全	DMU$_{63}$	0.4860	无效	不安全
DMU$_{44}$	1	有效	安全	DMU$_{64}$	1	弱有效	安全
DMU$_{45}$	1	有效	安全	DMU$_{65}$	0.8818	无效	基本安全
DMU$_{46}$	1	有效	安全	DMU$_{66}$	1	有效	安全
DMU$_{47}$	0.9923	无效	基本安全	DMU$_{67}$	1	弱有效	安全
DMU$_{48}$	1	有效	安全	DMU$_{68}$	0.7456	无效	不安全
DMU$_{49}$	1	弱有效	安全	DMU$_{69}$	0.7957	无效	不安全
DMU$_{50}$	0.7012	无效	不安全				

9.4.3 结果分析

1. 安全度分析

决策单元的 θ 值 = 1，则处于安全状态；若 $0.8 \leqslant \theta$ 值 < 1，则处于基本安

全状态；若 θ 值≤0.8，则处于不安全状态。由于产业安全评价指标体系中的输出指标是市场渗透率和出口总额比，因此若 θ 值≤0.8，这大体上意味着我国该种农产品的出口丧失掉了大量的目标国市场和全球市场，较为严重地使该种农产品处于不安全的状态。共计 19 个决策单元处于不安全状态，其中安全度最低的决策单元分别是第 12、第 63 和第 5，对应的 θ 值分别为 0.3547、0.4860 和 0.5484，分别是蘑菇罐头 $T+1$ 期（美国 1998 年立案）、伞菇罐头 $T+1$（墨西哥 2005 年立案）、大蒜 T 期（美国 1994 年立案）。这 19 个决策单元共涉及 12 种涉案农产品（为了便于表述，即使是同一农产品，若立案成员不同或立案年份不同，也视为不同种类农产品），而且均是在 T 期和（或）$T+1$ 期。这表明 52% 的涉案农产品在反倾销发生后的当年和（或）第二年安全状态堪忧，出口受到严重的抑制，市场份额丧失严重。处于不安全状态的涉案农产品具体情况见表 9.5。在所有处于不安全状态的涉案农产品共涉及 6 个国家或地区，其中涉及美国的有 6 种，占 50%；涉及巴西的有 2 种，涉及欧盟、加拿大、墨西哥、印度尼西亚的各一种。在对华农产品反倾销的最主要的成员中美国、澳大利亚和欧盟这三个成员中，美国的情况最为严重，DEA 模型中选取了 7 个对美出口的涉案农产品，结果 6 个农产品均出现产业不安全的状态；而选取的 4 个对澳大利亚出口的涉案农产品，全部没有出现产业不安全的状况；选取的 3 个对欧盟出口的涉案农产品，仅 1 个农产品出现了产业不安全的状况。

表 9.5　　　　　　　　　　处于不安全状态的涉案农产品

涉案农产品	立案成员及立案年份	涉案农产品	立案成员及立案年份
蜂蜜	美国，1994	柑橘类水果罐头	欧盟，2007
大蒜	美国，1994	大蒜	巴西，1994
蘑菇罐头	美国，1998	蘑菇罐头	巴西，1996
苹果汁	美国，1999	大蒜	加拿大，1996
蜂蜜	美国，2000	伞菇罐头	墨西哥，2005
冷冻或罐装淡水虾	美国，2004	面粉	印度尼西亚，2004

2. 投影分析

为了进行投影分析，需运用 $\widehat{X_{ij}} = \theta X_{ij} - S_i^-$、$\widehat{Y_{rj}} = Y_{ij} + S_r^+$ 这两个公式对我国农业非 DEA 有效的决策单元进行计算，求出输入输出指标改进后的量，使得输入指标的量缩减一定程度和输出指标的量增加到一定程度，从而使 θ 值增大，让原来的基本安全状态或不安全状态得以改善。非 DEA 有效决策单元的改进后的量见表9.6。表9.6 的数据显示原输入指标数值进行一定缩减后，输出指标数值有一定增加，这表明我国农业产业安全度水平均有一定程度提高。为了能从总体数据进行观察，本章计算出了非 DEA 有效的决策单元中各个指标数值与原有数值相比较的变动量（即缩减或增加的量），其中各个输入指标平均缩减量为：是否遭受反倾销缩减38.9%、涉案产品出口依存度缩减31.0%、涉案产品出口价格比缩减32.9%、农业总产值缩减24.3%、人民币汇率缩减36.7%。其中，是否遭受反倾销这个指标缩减幅度最大，若能抑制境外反倾销的发起，则能有效地提升我国农业产业安全程度；当然规避反倾销是一个系统工程，需要多方合作才能见效，具有一定难度。人民币汇率的缩减幅度排第2位，但该指标不能由我国完全控制。人民币汇率的缩减代表人民币升值，而从 2005 年人民币汇改后人民币汇率的走势具有中长期的阶段性走势，当人民币处于升值通道的中长期阶段时，我国农业产业安全程度会有所增加。出口依存度、出口价格比这两个输入指标由于仅针对单一的涉案农产品，因此其可控性相对较高。农业总产值缩减虽也具备一定的可控性，因为可以调整具体涉案农产品的产值进而调整该指标，但某一涉案农场产品产值仅占农业总产值的很小一部分，因此大幅度地调整该指标难度很高，可控性偏低。

同时各个输出指标平均增加量为：涉案产品市场渗透率增加81.2%、涉案产品出口总额比增加0.5%。其中，市场渗透率代表了在目标市场的市场份额，因此我国农产品在目标市场的份额增加最为明显，高达81.2%；在世界市场上出口总额比的增加较为轻微，只有0.5%。特别指出，市场渗透率的增加是一把双刃剑，因为该指标增加后，很有可能在随后的 1~3 个年度的滞后期内导致境外发起新的反倾销，或对已有的反倾销"加码"，而滞后期内反倾销的发生反过来会严重影响产业安全水平。

表 9.6 非 DEA 有效决策单元改进后的量

决策单元	指标						
	是否遭受反倾销（值）	涉案出口依存度（%）	涉案产品出口价格比（%）	农业总产值（亿元人民币）	人民币汇率（1 美元/人民币）	涉案产品市场渗透率（%）	涉案产品出口总额比（%）
2	0.58	0.01	0.83	13 734.83	5.41	45.71	0.95
3	0.54	0.01	0.98	14 745.2	5.9	28.32	1.29
5	0.52	0.02	0.69	8 637.92	3.9	27.42	1.08
6	0.59	0.01	0.73	16 602.49	4.8	10.05	1.32
8	0.46	0	0.57	20 400.06	3.76	32.07	0.66
9	0.38	0	0.37	18 795.77	2.93	13.56	0.73
11	0.57	0.01	0.56	14 482.85	4.55	30.06	0.88
12	0.35	0	0.47	8 643.28	2.94	5.53	0.82
14	0.49	0.01	0.76	17 492.57	4.83	11.2	1.25
17	0.52	0.01	0.65	17 737.67	4.79	26.06	0.99
18	0.49	0.01	0.66	18 262.71	4.82	22.69	1.04
20	0.53	0	0.57	21 625.75	4.12	14.88	1.07
21	0.58	0	0.58	27 131.64	4.44	19.28	1.12
23	0.43	0	0.93	8 116.71	5	3.88	0.84
32	0.54	0	0.55	32 866.33	4.01	6.59	0.78
33	0.91	0	0.91	45 889.49	6.32	4.74	1.05
35	0.51	0	0.6	34 678.62	4.52	28.92	1.07
36	0.95	0	0.92	48 694.67	7.2	33.39	1.77
38	0.66	0.01	0.8	37 507.85	5.83	54.05	1.13
39	0.58	0.01	0.86	48 647.65	5.83	56.85	1.24
41	0.78	0	0.88	70 210.05	6.43	6.78	1.24
47	0.75	0	0.85	101 435.8	6.06	99.45	0.82
50	0.6	0.02	0.65	11 044.22	3.83	34.84	1.08

续表

决策单元	指标						
	是否遭受反倾销（值）	涉案出口依存度（%）	涉案产品出口价格比（%）	农业总产值（亿元/人民币）	人民币汇率（1美元/人民币）	涉案产品市场渗透率（%）	涉案产品出口总额比（%）
51	0.71	0.02	0.77	16 265.14	4.77	35.77	1.32
53	0.61	0.02	0.72	13 584.95	5.05	59.38	0.83
54	0.78	0.01	0.83	18 524.38	6.46	78.5	0.78
59	0.62	0.02	0.79	13 906.14	4.94	38.17	1.28
60	0.6	0.01	0.77	14 362	5	38.66	1.12
62	0.92	0.01	0.99	36 476.37	7.57	79.69	0.99
63	0.49	0	0.55	18 529.89	3.87	12.46	1.02
65	0.58	0	0.65	35 986.66	4.91	30.83	1.15
68	0.75	0	0.72	27 021.51	5.26	18.8	1.14
69	0.8	0	0.76	31 389.31	5.52	16.23	1.13

9.5 结论与对策

9.5.1 结论

本章构建了我国农业产业安全的 DEA 模型，选取了我国 23 个农产品反倾销案件为样本，组成了 69 个决策单元，从产品层面我国农业产业安全进行了测算和分析。研究结果显示：

（1）在农产品种类方面：反倾销发生后出现不安全状态的情况较为普遍，约 52% 的涉案农产品在反倾销发生后的当年和（或）第二年出现了不安全的状态，出口受到严重的抑制，市场份额丧失严重。

（2）在出口目标国（地区）方面：美国的情况最为严重，对美出口的绝大多数涉案农产品均存在不安全的状态。

（3）安全度方面：部分涉案农产品安全度很低，对应的 θ 值最低仅为 0.3547；而且在安全度最低的 3 个决策单元中，美国就占了 2 个，从安全度大小的程度上看，美国的情况也最为严重。

（4）指标的改进量方面：通过合理缩减和增加输入和输出指标的数值能有效改善我国农业产业安全程度，但是不同输入指标的缩减幅度不一样，特别是可控程度不一样，需重点关注是否遭受反倾销、出口依存度、出口价格比这 3 个输入指标。

总体而言，在反倾销的威胁下，中国的农业产业安全状态不佳，不同的目标国（地区）对农业产业安全的影响差异很大，且需重点关注 3 个输入指标的调整，进而有效改善安全度。

9.5.2　对策

为了维护我国农业产业安全，本章提出如下对策建议：

（1）通过政府、农产品出口企业、农产品行业协会的多方合作降低境外反倾销发起的频率和可能性能有效提升农业产业安全度。

（2）由于出口依存度、出口价格比这两个输出指标可控性相对较高，因此适当缩减这两个指标的数值有利于提升农业产业安全度。

（3）要高度关注和警惕对美农产品的出口，专门针对美国建立农产品的产业安全预警系统。

（4）在人民币升值的阶段，产业安全度相对有所改善，因此利用该时期，积极开拓新兴市场，降低对美国农产品出口的市场依赖，增加对世界市场的出口额。

9.6　本 章 小 结

中国是一个外贸大国和农业大国，且中国出口的农产品一直在遭受国外的反倾销，需要降低农产品出口的脆弱性，维护我国农业的产业安全。在全面统计国外对华农产品反倾销案件的基础上，选取了 23 起对华农产品反倾销案件作为研究样本，使用 DEA 模型对中国农业产业安全进行了评价。研究结果显示：在反倾销的威胁下，中国的农业产业安全状态不佳，不同的目标国对农业产业安全的影响差异很大，且需重点关注反倾销、涉案产品出口依存度、涉案产品出口价格比这 3 个输入指标。我国需通过多方合作降低境外反倾销发起的频率和可能性，专门针对美国建立农产品的产业安全预警系统，在人民币升值的阶段积极开拓新兴市场等措施来维护我国农业产业安全。

10

反倾销视角下中国产业安全评价分析
——基于4个涉案产业的对比

第9章中对中国农业的产业安全问题进行了评价和分析，该研究更多的是倾向于针对农业这一个产业内部的不同具体涉案农产品之间的对比。本章则准备进行不同产业的产业安全评价研究，比较不同产业的产业安全问题的共性和差异。

10.1 中国最主要的4个涉案产业的涉案状况

1995～2017年期间的全球反倾销中，中国有大量的产品涉案。按照《商品名称和编码协调制度》（HS）中的产品分类，所有的22个大类产品中，除了第3类、第14类、第19类、第21类和第22类这5个大类的产品中国没有遭受过反倾销外，其余的17个大类的产品均遭受过反倾销。可见中国遭受反倾销的产品分布是非常广的，涉及大量的行业，如果再考虑上这些行业的关联行业，则反倾销几乎涉及我国所有的行业。

中国遭受反倾销最多的产品是贱金属及其制品和化工产品这两个大类产品。在我国遭受的反倾销调查的产品中贱金属及其制品排名第一，涉案374起，化工产品排名第二，涉案235起，占中国遭受反倾销调查总量的比重分别达到29.5%和18.5%，合计达到48%。也就是说我国遭受反倾销的产品中，这两大类产品就接近50%。这反映出世界上各国在贱金属及其制品和化工产品上存在比较激烈的竞争，同时也提醒我国在这两大类产品的出口上要加倍小心。中国在贱金属及其制品和化工产品遭受到最多的反倾销的主要原因可能是：一是由于对贱金属及其制品和化工产品的反倾销是全世界存在的一种普遍现象，在世界反倾销中涉案最多的产品就是这两大类产品，因此中国在贱金属及其制品和化工产品遭受到最多的反倾销和世界反倾销的总体情况是相符的；二是由于贱金属行业和化工是属于资本密集型行业，这些行业一旦开始运行，资本规模大，适应市场供求变化而调整的能力差，因此，它需要一定的保护，这也就是造成贱金属、化工等行业遭受反倾销案较多的重要原因。

机电设备及其零附件、纺织原料及纺织制品这两大类产品遭受的反倾销调查分别排名第三和第四，分别涉案146起和100起，合计约占中国遭受反倾销调查总量的20%。

中国涉案数量最多的这四大类产品在中国遭受反倾销中的总体比重接近70%，占到了大多数（具体数据见表10.1）。为了便于描述产业名称，上述四大类涉案产品对应的产业名称分别称为：贱金属产业、化工产业、机电产业、纺织产业。

表 10.1　　　　　　　1995～2017 年中国遭受反倾销调查的产品结构

涉案产品类别	涉案产业	反倾销调查数量（起）	占比（%）
贱金属及其制品	贱金属产业	374	29.5
化学工业及其相关工业的产品	化工产业	235	18.5
机电设备及其零附件	机电产业	146	11.5
纺织原料及纺织制品	纺织产业	100	7.9
其余所有类别	其他产业	414	32.6

注：虽然塑料及其制品这个大类的产品遭受的反倾销调查案件总数比纺织原料及纺织制品的案件总数稍高几起（主要是最近2年塑料及其制品遭受的反倾销数量稍高导致），但由于2015年之前均是纺织原料及纺织制品的案件总数长期排在第四位，且纺织原料及纺织制品与日常消费的关联度更高，因此仍将纺织原料及纺织制品作为主要的研究产品类别列出。

资料来源：根据 WTO 反倾销统计数据整理。

10.2　产业安全的 DEA 模型构建

本章直接采用使用第 8 章中的 DEA 中的 CCR 模型（C^2R 模型）对我国涉案产业的产业安全进行评价。由于 DEA 模型的基本思想在第 8 章中已做了详细描述，因此具体 DEA 模型的基本思想就不再重复叙述。

虽然 DEA 模型的基本思想一样，但是具体的 DEA 模型的构建却因具体研究内容而各不一样，因此下面需对本章的 DEA 模型构建进行详细说明。

10.2.1　决策单元的构建

考虑到数据的可获得性，4 个产业的产业安全评价时间设定为 2005 ~ 2016 年。每个年份都是一个决策单元（DMU），即贱金属产业、化工产业、机电产业、纺织原料及纺织产业这 4 个产业各自有 12 个决策单元。

10.2.2　输入输出指标的选取

按照李孟刚（2006）的观点，产业安全应包括"产业生存安全"和"产业发展安全"，产业生存安全最基本的条件是要占有一定的市场、达到一定的利润率。产业发展安全的根本在于技术创新或技术进步，对产业安全的评价应该从生存安全和发展安全两个方面去评价。史欣向（2015）在对中国高新技术产业安全进行评价研究中，对产业生存安全和产业发展安全的详细指标进行了细致研究，共使用了 2 项一级指标、4 项二级指标和 42 项三级指标。也有学者从另外的视角阐述了产业安全理论框架，如景玉琴（2006）认为产业安全涵盖产业国内环境、产业竞争力、产业控制力三个方面；何维达（2002）认为产业安全涵盖产业竞争力、产业发展力、产业控制力和对外依存度等四个方面，可以描述为"四维度模型"。而且也还有学者提出将产业环境加入产业安全理论框架中，从而形成"五维度模型"。

这些理论观点仅在指标体系的选择上有不同的侧重点或不同的涵盖范围，是可以相互融合的。从中国遭受的反倾销案件的实际状况考察，发生反倾销后涉案的出口厂商常常会面临海外市场的急剧萎缩，导致出现生产和销售无法维系下去的状况，面临生存危机，即存在严重的"产业生存安全"问题，因此在产业安全问题中产业生存安全是核心和基础，涉案厂商和涉案产业只有生存下去才能有机会进行发展，因此本章主要针对"产业生存安全"进行研究。

为了对 4 个产业的产业安全进行评价，需先构建出产业安全的评价指标体系。考虑产业安全本身是一个"半结构化"的复杂问题，既需要定量分析，又需要经验判断（景玉琴，2006），因此本章根据数据的特点和反倾销的研究视角，同时兼顾指标数据的可获得性，参考已有文献的研究，综合其他学者观点，最终确定采用以下 4 个一级指标和 6 个二级指标（见表 10.2），其中一级指标包括产业发展环境指标、产业对外依存度指标、产业发展力指标和产业国际竞争力指标。

表 10.2　　　　　　　　　　产业安全评价指标体系

一级指标	二级指标	指标类别	决策单元
产业发展环境	反倾销调查数量（起）	输入指标	2005～2016 年
	人民币汇率（1 美元/人民币）		
产业技术水平	出口技术复杂度		
产业对外依存度	出口依存度（%）		
产业竞争力	国际市场占有率（%）	输出指标	
	贸易竞争指数		

对评价指标的具体解释如下：

（1）反倾销调查数量：用中国的 4 个最主要的涉案产业遭受的年度反倾销调查数量分别对其赋值。反倾销发生后意味着中国出口市场的原有平衡被打破，对出口总额、出口市场分配等可能产生重大影响。

（2）人民币汇率：该指标使用人民币对美元的各个年份的年度平均汇

率，避免使用年终汇率或某个时点汇率带来的偏差。人民币汇率的升值或贬值可能导致中国农产品的出口价格发生变动，进而影响到出口竞争力，从而可能对农产品出口产生直接影响。

（3）出口技术复杂度：本章借鉴豪斯曼等（Hausmann et al., 2007）测算出口技术复杂度的方法来计算一国（地区）的出口技术复杂度。计算过程分为两步：第一步先测算某一类产品的技术度指数（technological sophistication index，TSI），其计算公式如下：

$$TSI_n = \sum_m \frac{x_{mn}/X_m}{\sum_m (x_{mn}/X_m)} Y_m \qquad (10.1)$$

其中，TSI_n 为第 n 类产品的技术复杂度指数。x_{mn} 为国家（地区）m 出口第 n 类产品的出口额；X_m 是国家（地区）m 的出口总额；Y_m 为国家（地区）m 的人均收入水平（一般用人均 GDP 表示）。豪斯曼等（Hausmann et al., 2007）认为出口产品的技术复杂度与出口国（地区）的经济发展水平（人均GDP）正相关，对某一产品而言，出口国（地区）加权平均收入水平越高，该产品的技术复杂度越高。

第二步计算出某一国（地区）的出口技术复杂度（export sophistication，ES）：

$$ES_m = \sum_n \frac{x_{mn}}{X_m} TSI_n \qquad (10.2)$$

其中，ES_m 为国家（地区）m 在第 n 类产品上的出口技术复杂度。

首先计算出每一类产品的出口技术复杂度 TSI，然后计算出每一个国家（地区）在某类产品上的出口技术复杂度 ES。

（4）出口依存度：出口依存度 = 中国某大类涉案产品对全球的出口总额/中国 GDP。出口依存度的高低意味着本国（地区）产品为了能达到本国（地区）市场的均衡而借助对境外市场出口程度的高低，而对境外市场出口程度的高低的差异会使出口面临的汇率变动、国际贸易争端等风险有差异。

（5）国际市场占有率：国际市场占有率 = 中国某大类涉案产品对全球的出口总额/世界该大类产品的出口总额。国际市场占有率的变化能在一定程度上体现出农产品的出口竞争力大小，国际市场占有率越大，说明在全球的市场份额越高，拥有的海外市场越多，出口产品的竞争力也越强。

（6）贸易竞争指数：贸易竞争指数 $TC_i = (X_{ij} - M_{ij})/(X_{ij} + M_{ij})$，$X_{ij}$ 表示 i 国（地区）j 产品的出口额，M_{ij} 表示 i 国（地区）j 产品的进口额。该指标在 $-1 \sim 1$ 之间，越接近于 -1 表示竞争力越薄弱，越接近于 1 则表示竞争力越大。

输入指标应为影响产业安全的因素，输出指标应为表现产业安全的状态参量。本章选取的 6 个评价指标中，前 4 个为输入指标，后 2 个为输出指标，即输入指标数目 $i = 4$，输出指标数目 $j = 2$。

10.3　中国涉案产业的产业安全评价实证分析

10.3.1　数据说明

本章 DEA 模型中决策单元中所涉及的 4 个大类产品 2005～2016 年的反倾销调查数量，数据根据 WTO 反倾销统计数据整理得到。人民币汇率所用的年度平均汇率由月度汇率计算得到，月度汇率来源于加拿大英属哥伦比亚大学的太平洋汇率服务网站。

计算每一类产品的技术复杂度指数（TSI_n）理论上需使用世界上所有国家或地区各类产品的出口数据，但考虑到反倾销的针对性，以及中国的出口技术复杂度是重点考察目标，因此本章选用对中国有反倾销行为的成员的 4 个大类产品出口数据进行计算。世界上有 36 个成员对中国发起过反倾销调查（其中 33 个成员对中国实施过最终反倾销措施），最初拟将这 36 个成员均作为计算对象，但是其中有 7 个成员的较多年份的出口数据无法完整获取，因此将这 7 个成员排除（这 7 个成员分别是：巴基斯坦、中国台湾、委内瑞拉、特立尼达和多巴哥、越南、多米尼加、葡萄牙），最终选取中国以及余下的 29 个成员共计 30 个成员作为计算对象。这 30 个成员分别是：中国、印度、美国、欧盟、阿根廷、巴西、土耳其、墨西哥、澳大利亚、哥伦比亚、南非、加拿大、韩国、印度尼西亚、秘鲁、埃及、泰国、马来西亚、俄罗斯、新西兰、乌克兰、以色列、日本、菲律宾、波兰、智利、危地马拉、牙买加、摩洛哥、乌拉圭。这 30 个成员遭受的反倾销占全世界的 73%，同时这 30 个成员的出口总额占全世界的 83%，具有很高的代表性，能基本满足本章的研究需要。

本章测算的出口技术复杂度的年份区间为 2005～2016 年。上述 30 个国家（地区）按产品分类的出口额数据来源于联合国 UNCOMTRADE 数据库，单位为美元。HS 的 2 位码下共有 98 个类别产品，由于中国遭受反倾销的涉案产品共涉及 HS 产品分类中的 92 个类别，其中 6 个类别的产品不是中国的涉案产品，因此统计产品的出口额时排除这 6 个类别①，最终选定的产品为其余的 92 个类别。然后根据 HS 对贱金属及其制品、化学工业及其相关工业的产品、机电设备及其零附件、纺织原料及纺织制品这 4 个大类的产品的 2 位码的划分，分别计算出这中国 4 个大类产品的出口技术复杂度（ES）。

用于计算出口依存度的涉案产品对全球的出口总额数据来源于联合国 UNCOMTRADE 数据库，中国 GDP 数据来源于世界银行。用于计算国际市场占有率的某大类涉案产品的中国出口总额以及世界出口总额均来源于联合国 UNCOMTRADE 数据库。用于计算贸易竞争指数的某大类涉案产品的中国进口额和出口额数据来源于联合国 UNCOMTRADE 数据库。

10.3.2 DEA 模型求解

基于上述数据，本章使用 LINGO 软件进行辅助计算，最终测算出了我国 4 个涉案产业的产业安全水平 DEA 评价结果，4 个产业的各自的决策单元的结果见表 10.3。

---

① HS 的 2 位码下的这 6 个类别分别是：15、71、77、93、97、98。

表 10.3

各产业的产业安全 DEA 评价结果

年份	贱金属产业			化工产业			机电产业			纺织产业		
	θ 值	相对有效性	安全状态	θ 值	相对有效性	安全状态	θ 值	相对有效性	安全状态	θ 值	相对有效性	安全状态
2005	0.5981	无效	不安全	0.7699	无效	不安全	0.4225	无效	不安全	0.8715	无效	基本安全
2006	0.6381	无效	不安全	0.6711	无效	不安全	0.5431	无效	不安全	0.9489	无效	基本安全
2007	0.5722	无效	不安全	0.7289	无效	不安全	0.6978	无效	不安全	0.9875	无效	基本安全
2008	0.8086	无效	基本安全	0.7636	无效	不安全	0.8555	无效	基本安全	1	有效	安全
2009	0.5458	无效	不安全	0.7038	无效	不安全	0.8366	无效	基本安全	1	有效	安全
2010	0.595	无效	不安全	1	有效	安全	1	有效	安全	1	有效	安全
2011	0.6579	无效	不安全	1	有效	安全	0.7786	无效	不安全	0.9728	无效	基本安全
2012	0.7298	无效	不安全	1	有效	安全	0.9161	无效	基本安全	0.9622	无效	基本安全
2013	0.7942	无效	不安全	0.9915	无效	基本安全	0.9377	无效	基本安全	0.9598	无效	基本安全
2014	0.9101	无效	基本安全	0.9706	无效	基本安全	0.9776	无效	基本安全	1	有效	安全
2015	1	有效	安全	1	有效	安全	1	有效	安全	1	有效	安全
2016	1	有效	安全	1	有效	安全	1	有效	安全	1	有效	安全

10. 3. 3　结果分析

1. 安全度分析

决策单元的 θ 值 =1，则处于安全状态；若 $0.8 \leqslant \theta$ 值 <1，则处于基本安全状态；若 θ 值 $\leqslant 0.8$，则处于不安全状态。由于产业安全评价指标体系中的输出指标是市场渗透率和出口总额比，因此若 θ 值 $\leqslant 0.8$，这大体上意味着我国该种产品的出口丧失掉大量的目标国市场和全球市场，较为严重地使该种产品处于不安全的状态。

为了便于观察，本章将表 10.3 中的"不安全状态"用灰色标出，结果显示共计 17 个决策单元处于不安全状态。具体分布为：贱金属产业有 8 个，占该产业的 66.7%；化工产业有 5 个，占该产业的 41.7%；机电产业有 4 个，占该产业的 33.3%。值得庆幸的是纺织产业没有决策单元处于不安全状态。贱金属产业安全状况最为严重，说明该产业长期以来在不断地丧失掉目标国市场和全球市场。其中安全度最低的决策单元分别是机电产业的 2005 年度和 2006 年度，以及贱金属金属产业的 2009 年度，对应的 θ 值分别为 0.4225、0.5431 和 0.5458。处于不安全状态的涉案产业和年份的汇总结果见表 10.4。

表 10. 4　　　　　　　　处于不安全状态的涉案产业和年份

涉案产业	年份
贱金属产业	2005、2006、2007、2009、2010、2011、2012、2013
化工产业	2005、2006、2007、2008、2009
机电产业	2005、2006、2007、2011
纺织产业	无

2. 投影分析

为了进行投影分析，需运用 $\widehat{X_{ij}} = \theta X_{ij} - S_i^-$ 、 $\widehat{Y_{rj}} = Y_{rj} + S_r^+$ 这两个公式对我国涉案产业的非 DEA 有效的决策单元进行计算，求出输入输出指标改进后的量，其中 $\widehat{X_{ij}}$ 为输入指标的改进后的量，$\widehat{Y_{rj}}$ 为输出指标的改进后量。通过输入指标的量缩减一定程度和输出指标的量增加到一定程度，从而使 θ 值增大，让原来的基本安全状态或不安全状态得以改善。非 DEA 有效决策单元的改进后的量见表 10.5。表 10.5 的数据显示各产业的原输入指标数值进行一定缩减后，各产业的输出指标数值有一定增加，这表明我国 4 个涉案产业的产业安全度水平均有一定程度提高。

为了能从总体数据进行观察，同时本章计算出了各个非 DEA 有效的决策单元中个指标数值的缩减和增加幅度的百分率，具体如下（表 10.6 为各产业的非 DEA 有效决策单元输入输出指标平均变动量百分率）：

（1）贱金属产业的决策单元中各个输入指标平均缩减量为：33.9% ~ 48.5%；输出指标的值均有所增加，其平均增加量为：国际市场占有率增加 2.9%，贸易竞争指数增加幅度很大，达到 415.3%。

（2）化工产业的决策单元中各个输入指标平均缩减量为：20.5% ~ 32.0%；输出指标中的国际市场占有率没有变化，贸易竞争指数增加幅度较大，达到 73.1%。

（3）机电产业的决策单元中各个输入指标平均缩减量为：25.0% ~ 48.9%；输出指标中的国际市场占有率增加幅度为 47.8%，但贸易竞争指数没有变化。

（4）纺织产业的决策单元中各个输入指标平均缩减量为：5.0% ~ 21.7%；输出指标中的国际市场占有率增加幅度为 8.2%，但贸易竞争指数没有变化。

表10.5　非DEA有效决策单元改进后的量

年份	贱金属产业						化学工业产业						机电产业						纺织产业					
	反倾销调查数量(起)	人民币汇率(1单位美元/人民币)	出口技术复杂度	出口依存度(%)	国际市场占有率(%)	贸易竞争指数(%)	反倾销调查数量(起)	人民币汇率(1单位美元/人民币)	出口技术复杂度	出口依存度(%)	国际市场占有率(%)	贸易竞争指数(%)	反倾销调查数量(起)	人民币汇率(1单位美元/人民币)	出口技术复杂度	出口依存度(%)	国际市场占有率(%)	贸易竞争指数(%)	反倾销调查数量(起)	人民币汇率(1单位美元/人民币)	出口技术复杂度	出口依存度(%)	国际市场占有率(%)	贸易竞争指数(%)
2005	5.98	2.89	10 097	0.74	7.55	0.16	4.62	4.47	9 997	0.81	3.59	-0.07	2.74	2.6	6 493	3.13	12.57	0.09	6.97	5.83	10 694	3.16	19	0.64
2006	7.02	3.39	11 849	0.86	8.86	0.18	5.37	4.18	9 803	0.81	3.79	-0.07	3.65	3.47	8 657	4.18	16.76	0.12	4.74	6.31	11 746	3.4	21.86	0.69
2007	8.58	3.88	12 489	0.93	9.85	0.2	7.29	4.44	10 813	0.84	4.38	-0.06	4.87	4.62	11 542	5.57	22.34	0.16	5.92	6.68	12 330	3.68	22.44	0.73
2008	12.78	5.62	17 413	1.32	14.08	0.29	12.39	3.96	11 105	0.88	5.05	0.03	6.27	4.16	11 768	4.45	24.54	0.2						
2009	9.02	3.73	10 522	0.82	9.07	0.19	10.56	4.01	10 482	0.62	4.53	-0.02	5.78	5.49	13 706	6.62	26.53	0.19						
2010	8.93	3.99	12 677	0.95	10.09	0.21																		
2011	9.06	4.25	14 345	1.06	10.97	0.23							3.89	4.75	13 724	6.48	22.62	0.18	1.95	6.15	13 127	2.69	37.51	0.73
2012	9.63	4.6	15 882	1.16	11.97	0.25							5.37	5.78	15 624	7.45	27.71	0.21	2.07	5.75	13 166	2.27	44.23	0.72
2013	10.1	4.88	17 051	1.24	12.75	0.26	10.91	6.02	15 363	1.01	6.07	-0.08	4.6	5.77	16 847	7.94	27.4	0.22	2.64	5.9	13 449	2.63	42.71	0.74
2014	11.6	5.61	19 579	1.43	14.64	0.3	15.53	5.98	15 580	0.94	6.72	-0.03	4.79	6.02	17 621	8.3	28.62	0.23						
2015																								
2016																								

表 10.6　　　　　　　非 DEA 有效决策单元输入输出指标平均变动百分率　　　　　单位：%

大类产品	该产品遭受的反倾销调查数量	该产品出口依存度	该产品出口技术复杂度	人民币汇率	该产品国际市场占有率	该产品贸易竞争指数
贱金属产业	−48.1	−48.5	−33.9	−36.7	2.9	415.3
化工产业	−20.5	−31.1	−22.5	−32.0	0.0	73.1
机电产业	−48.9	−45.6	−25.0	−29.7	47.8	0.0
纺织产业	−18.2	−21.7	−5.0	−13.3	8.2	0.0

　　各个产业的输入指标中的人民币汇率的可控性较低，一般而言需要通过汇率改革短期内才会出现较大幅度的调整，而长期的日常波动均是在多重因素影响下出现的变动。中国对外贸易的可持续发展最终要依赖于出口产品竞争力的不断增强，因此出口技术复杂度的缩减有损于中国对外贸易的健康发展。出口依存度的缩减长远来看有利于中国各类产业的健康发展，通过各种措施扩大内需，扩大对国内市场的依赖程度，减少对海外市场的依赖程度，自然而然产业安全程度也会相应提高。关于遭受的反倾销调查数量这个输入指标，通过我国政府、行业和企业的共同努力使其下降的可能性较大，因此若能抑制境外反倾销的发起，则能有效地提升我国各类产业安全程度。总体上，我们应该对遭受的反倾销调查数量、出口依存度这两个输入指标采取有效措施进行调控，从而提升产业安全水平。

　　总体而言，不同输入指标的变动对不同涉案产业的产业安全的改善作用存在差异。贱金属产业和化工产业遭受反倾销调查数量、出口依存度这两个指标的改善对涉案产业的贸易竞争指数有较大的提升作用，但对国际市场占有率的提升影响很小。机电产业和纺织产业遭受反倾销调查数量、出口依存度这两个指标的改善仅对涉案产业的国际市场占有率有较大的提升作用，但对贸易竞争指数的提升无影响。

10.4　结论与对策

10.4.1　结论

本章构建了我国产业安全的 DEA 模型，选取了中国 4 个主要的涉案产业，分产业对 4 个涉案产业在 2005～2016 年间的产业安全分别进行了测算和分析。研究结果显示：

（1）贱金属产业的产业安全状况最差，2/3 的年份处于不安全的状态；化工产业的产业安全状况次之，2/5 的年份处于不安全的状态；机电产业约 1/3 的年份处于不安全状态；纺织产业的状况最好，所有年份均处于安全状态。

（2）安全度最低的决策单元集中在机电产业、贱金属产业这两个产业。

（3）近几年涉案产业的产业安全状况有所改善，2014 年开始未出现不安全的状态。

（4）通过合理缩减输入指标的数值能有效改善我国涉案产业的产业安全程度，但是不同输入指标的缩减幅度不一样，特别是可控程度不一样，人民币汇率的可调控程度较低，因此需重点调控遭受的反倾销调查数量、出口依存度这 2 个输入指标。出口技术复杂度的缩减短期看来似乎有利于增强我国涉案产业的产业安全，但长期来看出口技术复杂度的缩减有损于中国对外贸易的健康发展。

（5）遭受的反倾销调查数量、出口依存度的调整对不同涉案产业的产业安全的影响渠道存在差异。遭受反倾销调查数量、出口依存度这两个指标主要对贱金属产业和化工产业的贸易竞争指数有较大的提升作用，对机电产业和纺织产业的国际市场占有率有较大的提升作用。

总体而言，在反倾销的威胁下，在中国主要的 4 个涉案产业中，有 3 涉案产业的产业安全状态不佳，需重点关注 2 个输入指标的调整，进而有效改善安全度。

10.4.2　对策

为了维护我国的涉案产业的产业安全，本章提出如下对策建议：

（1）重点关注对遭受的反倾销调查数量、出口依存度的有效调控。

（2）通过政府、出口企业、行业协会的多方合作降低国外反倾销发起的频率和可能性能有效提升产业安全度。

（3）由于出口依存度这个输出指标可控性相对较高，而且在人民币升值的阶段，产业安全度相对有所改善，因此我国应利用该时期，积极开拓国内市场，降低对国外市场的依赖。

（4）重点针对贱金属产业、化工产业、机电产业这三个行业建立全球产业安全预警系统。

（5）要高度关注和警惕对印度、美国和欧盟这 3 个 WTO 成员的出口。这 3 个成员对中国的反倾销调查占到中国遭受反倾销调查总量的 54.4%，而且 3 个成员也是中国主要的出口目标市场（对印度出口的比重稍小，但在中国的出口目标市场中印度也排在前十）。需专门针对印度、美国、欧盟建立成员产业安全预警系统。

10.5　本章小结

在全球反倾销中，中国有大量的产品涉案。在 HS 所有的 22 个大类产品中，中国在 17 个大类的产品上中国均遭受过反倾销。本章没有采用具体的涉案产品，而是换成另一个视角，即是基于涉案的大类产品去研究产业安全问题。本章选取了中国 4 个主要的涉案产业（贱金属产业、化工产业、机电产业，以及纺织产业），构建了产业安全的 DEA 模型，分产业对 2005～2016 年间的产业安全分别进行了测算和分析。研究结果显示：贱金属产业的产业安全状况最差，纺织产业的状况最好；需重点调控遭受的反倾销调查数量、出口依存度这 2 个输入指标。我国需通过多方合作降低国外反倾销发起的频率和可能性、积极开拓国内市场、针对产品和成员建立安全预警系统等措施来维护我国主要涉案产业的产业安全。

| 11 |

结论与再思考

11.1　主要研究结论

本书围绕反倾销、产业升级、产业安全等多个方面的问题进行研究，得到如下研究结论：

（1）反倾销已对中国的对外贸易构成了严峻的挑战，中国的产业安全已面临现实或潜在的重大威胁。

共有 36 个成员对中国发起反倾销调查 1 217 起，占全球总量的 23%；共有 33 个成员对中国实施最终反倾销措施 866 起，占全球总量的 25%。印度、美国和欧盟对华反倾销数量合计占全球对华最终反倾销总量的比重为：反倾销调查占 35.4%、最终反倾销措施占 40.9%。中国遭受反倾销的涉案产品涵盖了 HS 中 22 个大类产品的 17 产品类别，也就是说中国绝大多数的大类产品都遭受了反倾销，其中涉案最多的是贱金属及其制品和化工产品。反倾销占比远超过中国在世界贸易中的份额，这与我国在世界贸易中的地位和份额不相匹配，再加上"非市场经济问题"长期得不到有效解决，反倾销已对中国的对外贸易构成了严峻的挑战，中国的产业安全已面临现实或潜在的重大威胁。

（2）中国的出口市场份额长期受到反倾销非常强烈的影响。

ADI 指标显示中国的出口市场份额长期受到最终反倾销措施非常强烈的影响，1995～1997 年期间影响尤为严重。其中，在美国市场，中国的出口市场份额受到的影响最为强烈；在印度、欧盟市场，中国的出口市场份额受到的影响并不是最强烈的。中国的短期目标是降低反倾销绝对影响，而长期目标应该是降低反倾销相对影响。

（3）涉案产品的价格变动方向与涉案企业博弈心理的分析结果相匹配。

根据对我国涉案纺织品服装出口价格的研究，发现反倾销对我国涉案的纺织品服装出口价格的影响方向主要取决于主导性涉案企业博弈心理的状况。总体上，反倾销对涉案产品中制成品出口价格的影响主要体现为价格下降，对原材料和半制成品出口价格影响主要表现为价格上升。部分涉案企业选择降低出口价格的行为其实是一种饮鸩止渴的做法，因此，除了企业自身的努力之外，政府应重视中小企业转型升级的平台建设，这有利于改变涉案企业的博弈选择结果。

（4）中国在世界反倾销网络中的角色地位有一定改善，但中国处于世界反倾销网络的核心地带，在中国核心度不断增加的趋势下，仍然形势严峻和充满危机。

通过社会网络分析方法对反倾销的研究，本书发现：世界对中国的反倾销明显加强，但中国通过反倾销保护自身利益的偏好也在加强；成员对美国反倾销行为的模仿几率很大；世界反倾销有向少数成员集中的倾向，并且中国维持在核心地带。为了增强中国的产业安全，实现对外贸易的可持续发展，我们需做到：①高度关注美国的反倾销动向；②参加区域性多边经济合作来化解 WTO 这种全球性经济合作框架下的争端解决机制有效性偏低的问题；③中国不应局限与双边性的反倾销报复，应当采用适度的连带式反倾销，提高中国的反倾销报复效果和威慑作用。

（5）通过"反倾销与产业升级协同演化—产业安全"的逻辑模型和路径模型的理论分析，发现反倾销与产业升级的协同演化较为复杂，协同演化的状况对产业安全的结果产生很大影响。

我们认为反倾销和产业升级对产业安全的累积影响主要取决于反倾销的

情况。反倾销与产业升级的协同演化较为复杂，协同演化的状况对产业安全的结果产生很大影响，存在 4 种不同影响路径以及不同的影响结果。为了提升反倾销威胁下的中国产业安全水平，我们需要采取如下策略：①采取"促进产业升级→抑制反倾销→促进产业安全"的总策略。②充分考虑协同演化复杂性，避免陷入"激发反倾销"的环节。③在产业升级能有效抑制反倾销的阶段，需由被动升级逐渐变为主动升级；必要时需动用国家力量维护产业安全。④要意识到产业安全的背后面临的不仅是经济问题，同时也是政治问题，产业安全的维护还需动用国家力量。

（6）对中国遭受反倾销与中国产业升级的协同演化进行了实证分析，发现反倾销与产业升级形成了协同演化态势，协同演化逐步加强。

从产业安全的视角构建了中国遭受反倾销与中国产业升级的协同演化模型，并对协同演化情况进行了实证分析。研究表明：反倾销与产业升级形成了协同演化态势，协同演化逐步加强，且更多地体现出反倾销子系统对其的影响；反倾销对产业升级的促进与产业升级对反倾销的激发在协同演化过程中起主导作用；协同演化对我国产业安全的最终影响结果取决于反倾销、产业升级两种相反影响力量的累积影响。我国的很多产业均是面临反倾销威胁的产业，产业安全存在较多风险。对此，我们基于产业安全的视角认为：①我国政府和企业不能简单地认为通过产业升级就能有效缓解或抑制国外对华反倾销的发生，要意识到总体上目前我国产业升级其实是在激发国外对华反倾销的发生；②根据协调度的高低调整政策措施和发展战略；③按照技术水平高低对产业进行细分，实施差异化的政策措施和发展战略；④中国要从制造业大国走向制造业强国，也必须要通过产业升级来实现。对中国而言，产业升级是无法回避的一个环节，也是不能回避的一个环节。虽然协同演化的机制是客观存在的，其影响力量我们也无法忽视，但是我国必须通过必要的贸易谈判、政治谈判等非经济类策略，通过非经济类策略的力量来维护和提升我国的产业安全。

（7）中国在内的世界上遭受反倾销最多的 7 个国家（地区）的出口技术复杂度的测算，以及对反倾销与技术进步之间的协同演化进行了实证分析，发现反倾销与技术进步之间存在协同演化态势。

由于一国在世界市场上遭受反倾销的是本国的贸易品，而且一国在世界市场上参与竞争的产品也是本国的贸易品，因此考察贸易品的技术进步状况，以及分析反倾销与技术进步之间的协同演化就更有针对性。本书选取了中国、韩国、美国、印度、泰国、日本和欧盟共计7个样本国家（地区），测算了他们的出口技术复杂度，并以出口技术复杂度为技术进步的衡量指标。通过运用协同演化模型分别对7个国家（地区）遭受的反倾销与技术进步之间的协同演化指标进行了实证分析，研究发现：技术进步逐年增强的特征明显，且技术进步水平差距不断缩小；"反倾销对技术进步的促进"和"技术进步对反倾销的激发"在协同演化过程中发挥着主导作用；协调演化是否呈现上升态势与国家（地区）类别无关，中国协同演化逐年加强的态势最为明显；美国、日本、韩国、泰国的协调度总体偏低，中国、欧盟、印度的协调度总体偏高。为了充分发挥技术进步的积极作用和降低贸易摩擦的负面影响，进而增强中国产业安全，我们认为：①依赖单纯的技术进步抑制国外反倾销有效性低；②各类谈判、威慑力量与技术进步战略同步实施才能有效增强中国产业安全；③中国应根据协调度的高低变化调整技术进步策略；④中国应根据不同产业的技术水平高低差异实施差异化技术进步策略；⑤中国应针对重点国家实施差异化的成员技术进步策略。

（8）在反倾销的威胁下，中国的农业产业安全状态不佳，不同的目标国对农业产业安全的影响差异很大，为了改善产业安全度需重点关注否遭受反倾销、涉案产品出口依存度、涉案产品出口价格比这3个输入指标的调整。

本书选取了23起对华农产品反倾销案件作为研究样本，使用DEA模型对中国农业产业安全进行了评价，研究发现：在反倾销的威胁下，中国的农业产业安全状态不佳；不同的目标国对农业产业安全的影响差异很大；需重点关注是否遭受反倾销、涉案产品出口依存度、涉案产品出口价格比这3个输入指标。中国是一个外贸大国和农业大国，为了维护我国农业的产业安全，我们认为：①通过政府、农产品出口企业、农产品行业协会的多方合作降低国外反倾销发起的频率和可能性；②适当缩减涉案产品出口依存度、涉案产品出口价格比这两个指标的数值；③专门针对美国建立农产品的产业安全预警系统；④在人民币升值的阶段，积极开拓新兴市场，降低对美国农产品出口的市场依赖。

（9）在反倾销的威胁下，不同涉案产业的产业安全状况有较大差异，为了提高涉案产业的产业安全程度，需重点调控遭受的反倾销调查数量、出口依存度这 2 个输入指标。

在全球反倾销中，中国有大量的产品涉案。在所有的 22 个大类产品中，中国在 17 个大类的产品上中国均遭受过反倾销。本章没有采用具体的涉案产品，而是换成另一个视角，即是基于涉案的大类产品去研究产业安全问题，这样有利于从产业的中观视角这个更广的范畴去考察产业安全，以及有利于对不同产业的产业安全进行对比研究，发现其差异和共同之处。本书选取了中国 4 个主要的涉案产业（贱金属产业、化工产业、机电产业、纺织产业），构建了产业安全的 DEA 模型，分产业对 2005～2016 年间的产业安全分别进行了测算和分析。研究结果显示：不同涉案产业的产业安全状况有较大差异，贱金属产业的产业安全状况最差，纺织产业的状况最好；需重点调控遭受的反倾销调查数量、出口依存度这 2 个输入指标。遭受的反倾销调查数量、出口依存度的调整对不同涉案产业的产业安全的影响渠道存在差异。遭受反倾销调查数量、出口依存度这两个指标主要对贱金属产业和化工产业的贸易竞争指数有较大的提升作用，对机电产业和纺织产业的国际市场占有率有较大的提升作用。我国需通过多方合作降低境外反倾销发起的频率和可能性，积极开拓国内市场，针对产品和成员建立安全预警系统等措施来维护我国主要涉案产业的产业安全。

（10）注重贸易的均衡发展，从而降低中国遭受反倾销的频率和可能性，并且降低中国的出口依存度。

笔者在 2011 年曾对中国遭受反倾销调查的影响因素进行过实证分析，发现滞后一期的中国自主要对华反倾销调查国家的进口增长率的上升抑制了世界对中国反倾销调查的数量。当期和滞后一期的中国对主要对华反倾销调查国家的出口额占世界对这些国家（地区）的出口总额的占比都对世界对中国反倾销调查的数量存在影响，且方向相反；但最终的总体效应是正向影响，即会增加世界对中国的反倾销调查数量。简单而言，即中国对反倾销发起国

（地区）的出口增加会激发反倾销，而从反倾销发起国（地区）的进口增加则会抑制反倾销，因此中国需要注重贸易的均衡发展。

①对于国家而言，以进出口基本平衡为目标，并通过进出口产品的结构调整来实现。中国出口占比过高或出口集中度过高是容易引起世界对中国产品的敏感程度提高，容易引起境外对中国的反倾销调查的发起，因此中国在发展出口贸易获得正常贸易利益的同时需要降低主要对中国反倾销国家的出口集中度。进口对中国经济发展具有不可忽视的重要作用，同时进口的增长可在一定程度抑制对中国反倾销调查的发起。为此，我国应以进出口基本平衡为目标，一方面鼓励国内企业增加能源、原材料、先进技术和设备的进口；另一方面要逐渐减少附加值低的产品出口，增加附加值高的产品的出口。

②对于出口企业而言，应增加市场开拓成本的支出，逐渐实现市场多元化，逐步降低过高的出口集中度。例如，我国遭受美国反倾销的许多产品在美国的进口份额都偏高，小龙虾尾肉在反倾销调查期年份在美国的进口份额达到 96.1%，钢丝衣架达到 67.2%，文具纸达到 62.8%，手推车达到 61.3%。再以我国遭受反倾销的农产品数据为例，我们发现大量的农产品在进口国占比都相当高，如大蒜在反倾销调查期年份在美国的占比达到 49%，伞菇罐头在反倾销调查期年份在墨西哥的占比达到 56%，蘑菇罐头在反倾销调查期年份在澳大利亚的占比达到 86%，桑蚕生丝在反倾销调查期年份在印度的占比达到 94%。我国在进口国占比高的出口企业应增加市场开拓成本的支出，进行广泛的市场调研和科学论证，尽力开拓不同的出口市场，将我们以前忽视的其他目标市场逐渐的开发出来，避免市场过度集中，实现市场多元化，降低进口国（地区）利益方对该产品的关注度，否则一旦被反倾销，未来损失会超过现在市场开拓成本。

11.2　再　思　考

根据前文的研究，有几个重要的研究结果或逻辑需要再次明确：

第一，反倾销数量的缩减能增强我国涉案产业的产业安全。

第二，出口技术复杂度的缩减短期看来似乎有利于增强我国涉案产业的产业安全，但长期来看出口技术复杂度的缩减有损于中国对外贸易的健康发展。换言之，产业升级在短期会降低对我国涉案产业的产业安全。其内在的逻辑是由于产业升级需要有较多的研发投入，这会增加产品的生产成本，从而导致产品的出口价格上升，产品的出口减少，进而导致产品的国际市场占有率和贸易竞争指数均有所降低，产业安全状况恶化。

第三，在反倾销与产业升级的协同演化中，反倾销对产业升级的促进与产业升级对反倾销的激发在协同演化过程中起主导作用；协同演化对我国产业安全的最终影响结果取决于反倾销、产业升级两种相反影响力量的累积影响。

第四，我国政府和企业不能简单地认为通过产业升级就能有效缓解或抑制境外对中国反倾销的发生，要意识到总体上目前我国产业升级其实是在激发国外对华反倾销的发生。

对于上述的研究结果和逻辑可用下面的图 11.1 来表示。为了更清晰地分析反倾销与产业升级的协同演化对产业安全的影响，该图中引入了时间因素——"长期"和"短期"，并且将产业安全分解为"产业生存安全"和"产业发展安全"。由于反倾销对产业升级的促进与产业升级对反倾销的激发在协同演化过程中起主导作用，因此当反倾销上升时，协同演化中的产业升级也上升；当产业升级上升时，协同演化中的反倾销也上升。反倾销的上升无论在什么时候对产业安全都是不利影响，即无论短期还是长期反倾销的上升对产业生存安全和产业发展安全均产生不利影响。产业升级的上升对产业安全的影响则要复杂一些：产业升级的上升短期来看对产业生存安全有不利影响，但从长期来看对产业发展安全是积极影响。

这里就出现一个问题：是否需要通过停滞或放弃产业升级来获取短期内的产业生存安全呢？答案显然是否定的。无论是现在还是将来，一国的产业在对外贸易中要能有可持续发展的能力、要能获得更多的贸易利益，以及强劲的竞争力很多时候是来自于产业升级带来的高质量和高附加值的产品。产业升级是中国从贸易大国走向贸易强国必须要走的一条路。中国在 2015 年发布了《中国制造2025》，这是中国政府实施制造强国战略的第一个十年行动纲领，这也明显地诠释了产业升级是我国需要坚定不移地实施的策略。

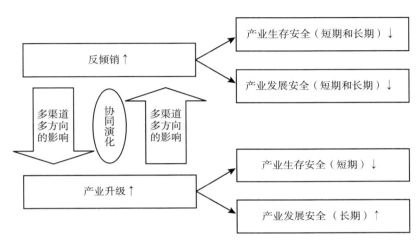

图11.1　反倾销与产业协同演化及在短期和长期对产业安全的影响

　　既然产业升级必须坚定不移地实施，中国要维护相关产业的产业安全，则需要更多地要从反倾销方面入手，同时配合相关的产业升级的扶持或激励政策。总体的思路是：

　　（1）反倾销方面。我们需要认识到，境外对中国反倾销看不到终结的趋势和迹象，因此反倾销将长期存在于我国的对外贸易中。既然反倾销目前无法消失，那么只能尽量减少反倾销发生的可能。而减少反倾销的发生不是单靠涉案企业就能实现，这需要政府、行业协会、企业等多方面的合作和共同努力才能实现。无论是通过政府的谈判还是通过行业协会的协调和预警，以及通过企业的自律，甚至包括我国实施一定程度的威慑手段，最终达到减少境外对中国反倾销发生的频率和数量结果。

　　（2）产业升级方面。反倾销案件的减少本身就有利于提升产业安全状况。同时，反倾销案件的减少在协同演化中会抑制产业升级，这就需要相关产业不能放松对产业升级的重视，同时也需要政府等各方面对产业升级给予各种政策扶持和激励，让协同演化中对产业升级的抑制作用弱化或消除。

这可以从哈佛大学商学院教授迈克尔·波特的"国家竞争优势理论"中得到启示。该理论认为，对国家竞争优势起决定影响作用有四个基本因素：要素禀赋，需求状况，相关产业与支持产业，公司战略、结构和竞争。[①] 这四个因素的每一个都可单独发生作用，但又同时对其他因素产生作用。四个因素结合成一个体系，共同作用决定国家竞争优势。机会和政府是两个辅助因素，被认为对形成国家竞争力优势起到辅助作用。在无法面面俱到的情况下，我国需要重点关注下面几个因素[②]：

①要素禀赋。要素分为基本要素和高级要素，高级要素是指必须通过长期投资和培育才能创造出来的要素，比如现代化基础设施、高精尖技术、高质量人力资本等。基本要素对企业竞争力的影响程度逐渐下降，而高级要素的影响因素则在不断的上升。中国需要在高级要素方面进行重点培育。

②需求状况。第一，政府需要引导和激励内需的不断扩大，一方面，内需的扩大可以降低中国的出口依存度，从而改善产业安全的状况；另一方面，内需是否具有持续的增长性，这对鼓励企业扩大生产规模和采用新技术至关重要。第二，内需若具有超前性，这将不断引导企业积极从事新产品的研发，以不断升级换代的产品走在国际市场竞争的前列。第三，内需市场中若具有一批老练、挑剔的消费者，这类消费者的存在给生产企业带来了极大的压力，最能促进公司不断地改进产品质量，从而推动竞争优势的全面提高。

③相关产业与支持产业。相关产业是指相互关系密切的、共同使用着某些技术和营销渠道的产业，以及某些有着共存亡关系的产业。例如，纺织业与纺织机械业。支持产业是指某一产业的上游产业，它主要向其下游产业提供原材料、零部件和各种中间产品，例如发动机业与汽车等。一个产业的竞争力的增强需要其他产业的配合，而不是仅靠本产业自身就能实现。

④政府。政府的辅助作用也很明显，它主要是通过对四个基本因素施加

---

① 之所以没有提及公司战略、结构和竞争，是由于这两个因素是较为微观的因素，作为国家和政府主要是重点关注其他几个宏观的因素的调控，微观的因素则是需要公司自身关注的。

② 由于公司战略、结构和竞争这两个因素是较为微观的因素，属于公司内部需关注的因素，下面就不再涉及。

影响而发挥作用。政府通过宏观调控政策、微观扶持政策、制定规则和培养高素质劳动力等环节来影响供给和需求，帮助产业和企业提高竞争优势。例如，政府要不断提高产品质量标准和相关法规要求、提高对消费者的保护力度，这样才能在内需试产中培育出老练、挑剔的消费者，才能不断地促使企业积极从事新产品的研发和升级换代。

12
研 究 展 望

本书的研究主要围绕反倾销、产业升级和技术进步，以及与这两者密切相关的中国产业安全问题进行研究。展望未来，该领域依然有许多现实问题值得继续深入研究：

1. 文化产业的产业安全问题

前面的研究主要是针对制造业以及农业等进行了技术进步、产业安全等的相关研究，对于文化产业的产业安全还没有进行系统研究。制造业和农业所涉及的产品与文化产业所涉及的产品不仅形态上存在很大的差异，而且贸易方式、销售方式等均存在很大差异。文化产业在国民经济中的发挥的作用也越来越重要。笔者的课题组已经对文化产业中的电影产业从供给制度的视角研究了供给制度对文化产业竞争力的影响机理，以及对文化产业的技术创新和竞争力提升的路径进行了积极的探索。认为：①制度提供激励和约束机制，有利于知识的积累与扩散，影响产业技术创新；②制度供给及创新能够降低技术创新的交易成本；③有效的制度供给帮助产业降低技术创新与发展中的风险与不确定性。文化产业也存在竞争，也会面临产业安全问题，但是，目前还没有深入到文化产业的产业安全研究内容上，因此后期将对文化产业的产业安全问题进行延伸研究，探索文化产业的产业安全的影响因素，以及探索文化产业与制造业、农业之间在产业安全问题上的异同。

2. 产业安全的评价指标的改进

在社科研究领域，传统上有两种主要的研究方法，一种称为变量导向的研究方法，另一种称为案例导向的研究方法。变量导向的研究方法认为真理只有通过大样本的分析才能得到，单个个案可能能具有欺骗性；应关注总的状况，而非个案的独特性。案例导向的研究方法认为理解经济社会的现象需要对个案的深入研究，大样本只能得到较模糊的描述和结论，而且结论可能被曲解，因此需要对个案进行深入、细致和聚焦的调查。本书所涉及的研究内容也面临这样的困惑。对产业安全进行研究的文献有不少，但长期以来对产业安全的认定缺乏统一的权威认定标准。若从个案视角进行分析，产业安全状态和产业不安全状态的临界点很难确认，往往只有在产业或企业发生了严重的事件之后才能称之为产业不安全。对于大样本视角的分析，对于产业安全状态和产业不安全的状态的认定虽有一定的量化标准，但不同的学者采用的量化标准不尽相同。另外评价指标体系的选择对结果有较大影响，即采用不同的产业评价指标体系会有不同的评价结果，产业安全的评价指标的正确选择有利于有效提高产业安全的准确判断。由于产业安全本身是一个"半结构化"的复杂问题，既需要定量分析，又需要经验判断，因此产业安全评价指标体系的科学设定是颇具难度的问题。产业安全评价的指标体系中指标的选取常常需要依赖于丰富的经验以及基于大量具体的产业安全案例的阅读和研究。后期将考虑通过各种方式收集大量的具体案例，而企业的走访是收集具体案例的重要方式，但这有可能涉及企业是否愿意公开相关的数据和商业机密，因此具有一定的难度。在后期的延伸研究中会将具体的产业安全案例作为一个重点来实施，并通过案例的分析改进产业安全的评价指标体系，设立更为科学和更为敏感的指标体系。这是未来研究努力的方向之一。

3. 中兴事件背景下对中国产业安全问题的反思

中国的中兴通讯公司是中国第二大、全球第四大通信设备商。2018 年 4 月 16 日，美国商务部宣布立即重启对中兴通讯公司的制裁禁令，禁止美国企业在 7 年的时间内向中兴通讯公司出售任何技术、产品。这意味着中兴通讯公司在 2017 年 3 月签署的和解协议宣告失败，已缴纳的 8.92 亿美元罚款仍不足以息事宁人，甚至可能还要进一步补缴缓期执行的 3 亿美元罚款。制裁包括：（1）中兴不能直接从美国进口；（2）任何人不能协助中兴间接从美国进口；（3）任何人不能从美国进口后转卖给中兴；（4）就算中兴成功从美国进口了，任何人都不能买，也不能提供安装、维修等后续服务。这种制裁切断了中兴的所有可能的规避渠道。而更可怕的是，被美全面封杀后，对于严重依赖从美国进口芯片等元器件的中兴通讯来说，无疑是一场灾难。芯片是中兴最为棘手的问题，基站芯片自给率几乎为零。中兴的进口芯片的备货一般只对应一个月左右的产能。2018 年 5 月，中兴通讯公司公告称，受制裁禁令影响，公司主要经营活动已无法进行。若中兴通讯公司倒闭的话，影响的不仅仅是公司员工。中兴通讯公司的研发人员是 BAT 的总和，专利数是 BAT 总和的五倍，如果中兴通讯公司倒闭，除了 8 万员工，至少影响上下游产业链三方公司 50 万人，其中大部分可能失业，50 万家庭的生计将受到严重影响。2018 年 7 月 12 日，美国商务部表示，美国已与中国中兴通讯签署协议，取消近三个月来禁止美国供应商与中兴进行商业往来的禁令，中兴向其提供的账户注入 4 亿美元的保证金后，将能够恢复运营。2018 年 7 月 14 日，中兴通讯总部研发大楼一楼大厅的 LED 屏幕上打着"解禁了！痛定思痛！再踏征程！"的标语①。这场冲突以想象不到的方式愈演愈烈，也终于以大家意料之外的方式平息了。冲突虽然平息了，但代价十分昂贵：4 亿美元的保证金，加上之前的 10 亿美元，中兴共付出了 14 亿美元的罚款，这相当于中兴第一季度 1/3 的营业收入，并且中兴还被迫更换了全部董事会成员。虽然冲突得以解决，或者说仅仅是另一种形式的暂时解决，该产业的产业安全仍然存在严重隐患，可能在后期会继续出现类似或新的曲折和新矛盾，而且这种产业安全上严重隐患不仅存在于中兴通讯公司，国内的同类型企业（如华为等）均面临同样的隐患。习近平主席曾在核心技术方面提出过警告："核心技术是国之重器"，"在别人的墙基上砌房子，再大再漂亮也可能经不起风雨，甚

---

① 习近平. 在网络安全和信息化工作座谈会上的讲话［M］. 北京：人民出版社，2016.

至会不堪一击","核心技术受制于人是我们最大的隐患"。①

依据习近平主席人类命运共同体思想,人类只有一个地球,各国共处一个世界,一国无法独善其身。国与国之间存在千丝万缕的联系,一国需要在谋求本国发展中促进各国共同发展。各国的公司和企业也是如此,任何一个公司和企业无法独善其身,无法进行整个价值链的生产。随着经济全球化迅速发展,传统跨国公司成长为全球型公司,企业竞争从过去单个企业间的竞争上升到全球价值链的竞争,企业竞争方式发生了重大变化。我国的公司参与全球竞争到底应该在价值链的哪个环节产业竞争?软件研发和硬件研发如何合理匹配和投入?在出口贸易中如何管控合规风险?这些问题给我们产业安全的研究汇入了更多、更新鲜的思考内容。对于不同的行业,产业安全的重点也许存在很大的差异,需要进一步甄别这些行业差异的影响因素。这些问题和方向也是未来研究重点内容。

参考文献

［1］鲍晓华. 反倾销措施的贸易救济效果评估［J］. 经济研究，2007 (2)：71－84.

［2］曹萍，张剑，熊焰. 基于产业竞争力的软件产业安全评价［J］. 科技管理研究，2017 (2)：176－181.

［3］陈银飞. 2000~2009年世界贸易格局的社会网络分析［J］. 国际贸易问题，2011 (11)：31－42.

［4］单春红，胡珊珊. 基于DEA模型的我国航空航天安全评价实证分析［J］. 中央财经大学学报，2012 (5)：59－69.

［5］董银果，梁根，尚慧琴. 加入WTO以来中国农业产业安全分析［J］. 西北农林科技大学学报（社会科学版），2015 (3)：62－68.

［6］冯宗宪，向洪金. 欧美对华反倾销措施的贸易效应：理论与经验研究［J］. 世界经济，2010 (3)：31－55.

［7］顾海兵. 当前中国经济的安全度估计［J］. 浙江社会科学，1997 (3)：16－18.

［8］韩港. 经济新常态下我国稀土产业安全研究［J］. 经济问题，2016 (9)：93－96.

［9］何维达，何昌. 当前中国三大产业安全的初步估算［J］. 中国工业经济，2002 (2)：25－31.

［10］何维达，何丹. 我国钢铁产业发展预测及安全度估算［J］. 经济理

论与经济管理，2007（9）：21 - 15.

[11] 何维达，宋胜洲．开放市场下的产业安全与政府规制［M］．江西：江西人民出版社，2003.

[12] 景玉琴．产业安全评价指标体系研究［J］．经济学家，2006（2）：70 - 76.

[13] 亢梅玲，李潇．贸易冲击与中国遭遇的反倾销、反补贴调查影响因素研究［J］．国际商务（对外经济贸易大学学报），2018（4）：22 - 34.

[14] 李坤望，王孝松．申诉者政治势力与美国对华反倾销的歧视性：美国对华反倾销裁定影响因素的经验分析［J］．世界经济，2008（6）：3 - 16.

[15] 李孟刚．产业安全理论研究［M］．北京：经济科学出版社，2006.

[16] 林聚任．社会网络分析：理论、方法和应用［M］．北京：北京师范大学出版社，2009.

[17] 刘爱东，罗文兵．基于 citespace Ⅱ 的国际反倾销研究的主要聚类分析［J］．中南大学学报（社会科学版），2014（1）：1 - 6.

[18] 刘爱东，周以芳．我国农产品遭遇反倾销的案例统计分析［J］．重庆工学院学报（社会科学版），2009（2）：58 - 63.

[19] 刘宝全，段文奇，季建华．权重国际贸易网络的结构分析［J］．上海交通大学学报，2007（12）：1959 - 1963.

[20] 刘军．整体网分析讲义 UCINET 软件实用指南［M］．上海：格致出版社，2009.

[21] 刘玲，岳咬兴，李宏宇．反倾销被诉厂商定价策略的经验研究——基于我国对外反倾销的实践［J］．财贸经济，2010（3）：85 - 90，129.

[22] 罗家德．社会网络分析讲义（第二版）［M］．北京：社会科学文献出版社，2010.

[23] 孟庆松，韩文秀，金锐．科技—经济系统协调模型研究［J］．天津

师范大学学报（自然科学版），1998（4）：8－12.

　　［24］孟庆松，韩文秀．复合系统整体协调度模型研究［J］．河北师范大学学报（自然科学版），1999（2）：177－179.

　　［25］彭羽．我国企业对欧盟反倾销规避措施的有效性分析［J］．中央财经大学学报，2009（1）：72－76.

　　［26］齐俊妍，孙倩．中国遭遇反倾销与对外反倾销贸易效应比较分析［J］．财贸经济，2014（7）：81，95－106.

　　［27］沈国兵．反倾销等贸易壁垒与中美双边贸易问题［J］．财经研究，2007（1）：101－111.

　　［28］沈国兵．美国对华反倾销对中国内向和外向FDI的影响［J］．财贸经济，2011，（9）：63－70.

　　［29］沈国兵．美国对中国反倾销的宏观决定因素及其影响效应［J］．世界经济，2007（11）：11－23.

　　［30］沈瑶，王继柯．中国反倾销实施中的贸易转向研究：以丙烯酸酯为例［J］．国际贸易问题，2004（3）：9－12.

　　［31］史欣向，李善民，王满四，等．"新常态"下的产业安全评价体系重构与实证研究［J］．中国软科学，2015（7）：111－126.

　　［32］宋向党．系统化视角下的农业产业安全问题探讨［J］．河北经贸大学学报，2016（9）：121－125.

　　［33］万方，杨友孝．反倾销指向网络的结构及成因：来自社会网络分析的解释［J］．财经研究，2013，39（11）：102－111.

　　［34］汪云林，李丁，付允．主要经济体间国际贸易的社会网络分析［J］．电子科技大学学报（社科版），2007（3）：9－12.

　　［35］王分棉，王建秀，王玉燕．中国对外反倾销存在跨国公司合谋效应吗？——基于邻苯二酚/呋喃酚/香兰素产业链3次对外反倾销的研究［J］．中国软科学，2013（10）：35－47.

　　［36］王冉冉．"创新驱动发展战略"下制度供给促进技术创新的作用机理分析［J］．学术论坛，2015（12）：137－141.

　　［37］王冉冉．制度供给对文化产业竞争力的影响机理［J］．昆明理工大

学学报（社会科学版），2018（1）：99 - 108.

[38] 巫强，马野青，姚志敏. 美国反倾销立案调查对我国上市公司影响的决定因素分析 [J]. 国际贸易问题，2015（3）：98 - 107.

[39] 巫强，姚志敏，马野青. 美国反倾销立案调查对我国制造业上市公司影响的度量研究 [J]. 国际贸易问题，2014（8）：102 - 112.

[40] 吴勇民，纪玉山，吕永刚. 技术进步与金融结构的协同演化研究——来自中国的经验证据 [J]. 现代财经，2014（7）：33 - 44.

[41] 奚俊芳，陈波. 国外对华反倾销对中国出口企业生产率的影响——以美国对华反倾销为例 [J]. 世界经济研究，2014（3）：59 - 65.

[42] 谢建国. 经济影响、政治分歧与制度摩擦：美国对华贸易反倾销实证研究 [J]. 管理世界，2006（12）：8 - 17，171.

[43] 杨公朴，王玉，朱舟，等. 中国汽车产业安全性研究 [J]. 财经研究，2000（1）：22 - 27.

[44] 杨红强，聂影. 国外对华反倾销措施效果评价的实证研究 [J]. 国际贸易问题，2007（11）：72 - 78.

[45] 杨连星，刘晓光. 反倾销如何影响了对外直接投资的二元边际 [J]. 金融研究，2017（12）：64 - 79.

[46] 杨仕辉，魏守道. 中国被诉反倾销寒蝉效应的实证分析 [J]. 国际经贸探索，2011（4）：21 - 27.

[47] 杨艳红. WTO 制度、贸易不对称与国外对华反倾销：部分国家和地区对华反倾销调查的实证分析 [J]. 数量经济技术经济研究，2009（2）：102 - 111.

[48] 杨悦，何海燕，王宪良. 进口反倾销行为对产业价格指数影响的实证研究：以钢铁行业为例 [J]. 财贸研究，2007（6）：59 - 66.

[49] 于谨凯，张亚敏. 基于 DEA 模型的我国海洋运输业安全评价及预警机制研究 [J]. 西安财经学院学报，2012（1）：25 - 29.

[50] 约翰·斯科特. 社会网络分析方法（第 2 版）[M]. 刘军，译. 重庆：重庆大学出版社，2007.

[51] 张勤，李海勇. 入世以来我国在国际贸易中角色地位变化的实证

研究——以社会网络分析为方法 [J]. 财经研究, 2012 (10): 78 – 89.

[52] 张雨, 戴翔. 出口产品升级和市场多元化能够缓解我国贸易摩擦吗? [J]. 世界经济研究, 2013 (6): 73 – 78.

[53] 周灏, 祁春节. 对华农产品反倾销影响因素: 基于条件 Logistic 回归的实证研究 [J]. 经济问题探索, 2011 (5): 115 – 120.

[54] 周灏, 祁春节. 美国对华蜂蜜反倾销效应分析 [J]. 生态经济, 2010 (7): 119 – 124, 133.

[55] 周灏, 祁春节. 中国的经济贸易、报复能力及国际地位与对华反倾销: 基于总量和中国视角的对华反倾销调查实证研究 [J]. 北京工商大学学报 (社会科学版), 2011 (3): 73 – 80.

[56] 周灏. 产业安全视角下的反倾销与产业升级协同演化 [J]. 北京理工大学学报 (社会科学版), 2017 (4): 84 – 90.

[57] 周灏. 反倾销视角下的中国农业产业安全评价研究 [J]. 现代经济探讨, 2018 (7): 68 – 75.

[58] 周灏. 国外反倾销对我国纺织品服装出口价格影响的研究 [J]. 价格理论与实践, 2014 (9): 48 – 50.

[59] 周灏. 基于博弈心理的对华纺织品服装反倾销价格效应研究 [J]. 经济问题探索, 2015 (1): 135 – 139.

[60] 周灏. 中国产业安全的逻辑和路径研究——基于反倾销与产业升级的协同演化 [J]. 社会科学, 2018 (1): 29 – 36.

[61] 周灏. 中国 "非市场经济地位" 问题及其对反倾销裁决的影响: 基于美国对华反倾销裁决的实证分析 [J]. 国际贸易问题, 2011 (9): 95 – 105.

[62] 周灏. 中国市场经济地位的确认与反倾销应诉能力 [J]. 改革, 2007 (4): 85 – 89.

[63] 周灏. 中国在世界反倾销中角色地位变化的社会网络分析 [J]. 国际贸易问题, 2015 (1): 112 – 122.

[64] 周灏. 中国遭受反倾销的影响因素及贸易救济体系研究 [D]. 武汉: 华中农业大学, 2011.

［65］周灏. 中国遭受最终反倾销措施强度测算及评价：基于 ADI 的比较分析［J］. 中南大学学报（社会科学版），2014（6）：70－77.

［66］朱建民，魏大鹏. 我国产业安全评价指标体系的再构建与实证研究［J］. 科研管理，2013（7）：146－153.

［67］朱学红，邹佳纹，黄健柏. 基于信息可替代的有色金属产业安全指标体系构建与评估［J］. 软科学，2019（2）：38－42.

［68］朱钟棣，鲍晓华. 反倾销措施对产业的关联影响：反倾销税价格效应的投入产出分析［J］. 经济研究，2004（1）：83－92.

［69］Aggarwal A. Macro economic determinants of antidumping：A comparative analysis of developed and developing countries［J］. World Development，2004，32（6）：1043－1057.

［70］Asche F. Testing the effect of an anti-dumping duty：The US salmon market［J］. Empirical Economics，2001（26）：343－355.

［71］Baldwin R E. The political economy of reforming the anti-dumping laws［J］. World Economy，2005，28（5）：745－747.

［72］Belderbos R. Antidumping and foreign divestment：Japanese electronics multinationals in the EU［J］. Review of World Economics，2003，139（1）：131－160.

［73］Blonigen B A，Bown C P. Antidumping and retaliation threats［J］. Journal of International Economics，2003，60（2）：249－273.

［74］Bown C P，Crowley M A. Policy externalities：How US antidumping affects Japanese exports to the EU［J］. European Journal of Political Economy，2006，22（3）：696－714.

［75］Bown P，Crowley A. Trade deflection and trade depression［J］. Journal of International Economics，2007，72（1）：176－201.

［76］Branchi M，Gabriele G，Spiezia V. Traditional agricultural exports，external dependency and domestic price policies：African coffee exports in a comparative perspective［EB/OL］.［2017－12－15］. http：// www. unctad. org/en/docs/dp140. en. pdf.

[77] Changho S. Treatment of non-market economy countries under the World Trade Organization anti-dumping regime [J]. Journal of World Trade, 2005, 39 (4): 763 – 786.

[78] Charnes A, Cooper W W, Rhodes E. Measuring the efficiency of decision making units [J]. European Journal of Operating Research, 1978 (2): 429 – 444.

[79] Ehrlich P R, Raven P H. Butterflies and plants: A study in coevolution [J]. Evolution, 1964, 18 (4): 586 – 608.

[80] Feinberg R M, Kaplan S. Fishing downstream: the political economy of effective administered protection [J]. The Canadian Journal of Economics / Revue canadienne d'Economique, 1993, 26 (1): 150 – 158.

[81] Finger M, Murray T. Anti-dumping and countervailing duty enforcement in the United States [A]//Finger M. Anti-dumping: How it works and who gets hurt. Ann Arbor, MI: Michigan University Press, 1993.

[82] Gallaway M P, Blonigen B A, Flynn J E. Welfare costs of the US anti-dumping and countervailing duty laws [J]. Journal of International Economics, 1999, 49 (2): 211 –244.

[83] Garlaschelli D, Loffredo M I. Structure and evolution of the world trade network [J]. Physical A: Statistical Mechanics and Its Applications, 2005, 355 (1): 138 – 144.

[84] Harrison A. The new trade protection: Price effect of antidumping and countervailing duty measures in the United States [R]. Washington DC, World Bank: World Bank Working Paper, 1991.

[85] Hausmann R, Hwang J, Rodrik D. What you export matters [J]. Journal of Economic Growth, 2007, 12 (1): 1 –25.

[86] Hausmann R, Rodrik D. Economic development as self-discovery [J]. Journal of Development Economics, 2003, 72 (2): 603 –633.

[87] Helpman K P. Trade policy and market structure [M]. Cambridge, MA: MIT Press, 1989.

[88] Herander M G, Schwartz J B. An empirical test of the impact of the threat of U. S. trade policy: The case of antidumping duties [J]. Southern Economic Journal, 1984, 51 (1): 59 – 79.

[89] Irwin D A. The rise of US anti-dumping activity in historical perspective [J]. World Economy, 2005, 28 (5): 651 – 668.

[90] James W E. The rise of anti-dumping: Does regionalism promote administered protection? [J]. Asian – Pacific Economic Literature, 2000, 4 (2): 14 – 26.

[91] Jones K. Does NAFTA (North American Free Trade Agreement) Chapter 19 make a difference? dispute settlement and the incentive structure of U. S. / Canada unfair trade petitions [J]. Contemporary Economic Policy, 2000, 18 (2): 145 – 158.

[92] Keithly W R, Poudel P. The southeast USA shrimp industry: issues related to trade and antidumping duties [J]. Marine Resource Economics, 2008, 23 (4): 459 – 483.

[93] Konings J, Vandenbussche H, Springael L. Import diversion under european antidumping policy [J]. Journal of Industry, Competition and Trade, 2001, 1 (3): 283 – 299.

[94] Krupp C. Antidumping cases in the US chemical industry: A panel data approach [J]. Journal of Industrial Economics, 1994, 42 (3): 299 – 311.

[95] Krupp C M, Pollard P S. Market responses to antidumping laws: Some evidence from the U. S. chemical industry [J]. The Canadian Journal of Economics/ Revue canadienne d'Economique, 1996, 29 (1): 199 – 227.

[96] Krupp C M, Skeath S. Evidence on the upstream and downstream impacts of antidumping cases [J]. North American Journal of Economics & Finance, 2002, 13 (2): 163 – 178.

[97] Laroski J A. NMES: A love story-nonmarket and market economy status under U. S. antidumping law [J]. Law & Policy in International Business, 1999, 30 (2): 369 – 372.

［98］Lee J W, et al. Applications of complex networks on analysis of world trade network ［J］. Journal of Physics: Conference Series, 2013, 410 (1): 156 – 170.

［99］Leidy M P, Hoekman B M. Production effects of price-and cost-based anti-dumping laws under flexible exchange rates ［J］. Canadian Journal of Economics, 1990, 23 (4): 873 – 895.

［100］Leipziger D M, Shin H J. The demand for protection: A look at anti-dumping cases ［J］. Open Economies Review, 1991, 2 (1): 27 – 38.

［101］Lindsay B. The U. S. antidumping law: Rhetoric versus reality ［R］. Washington DC: Cato Institute, 1999.

［102］Norgaard R B. Environmental economies: An evolutionary critique and plea for pluralism ［J］. Journal of Environmental Economies and Management, 1985, 12 (4): 382 – 394.

［103］Pierce J R. Plant-ievel responses to antidumping duties: Evidence from U. S. manufacturers ［J］. Journal of International Economics, 2011, 85 (2), 222 – 233.

［104］Prusa T J. Anti-dumping: A growing problem in international trade ［J］. World Economy, 2005, 28 (5): 683 – 700.

［105］Prusa T J. On the spread and impact of anti-dumping ［J］. Canadian Journal of Economics, 2001, 34 (3): 591 – 611.

［106］Rauch J E. Networks versus markets in international trade ［J］. Journal of International Economics, 1999, 48 (1): 7 – 35.

［107］Snyder F. The origins of the 'Nonmarket Economy': Ideas, pluralism and power in EC anti-dumping law about China ［J］. European Law Journal, 2001, 7 (4): 369 – 434.

［108］Staiger R W, et al. Measuring industry-specific protection: Antidumping in the United States ［M］. Brookings Papers on Economic Activity: Microeconomics, 1994: 51 – 118.

［109］Vandenbussche H, Zanardi M. The chilling effects of antidumping law proliferation ［J］. European Economic Review，2010，54（6）：760 –777.

［110］ Wang J. A critique of the application to China of the non-market econo-my rules of antidumping legislation ［J］. Journal of World Trade，1999，33（3）：117 – 145.